LETTRES INÉDITES

DE BALUZE

A M. MELON DU VERDIER

Publiées avec une Introduction et des Notes

PAR

RENÉ FAGE

TULLE

IMPRIMERIE CRAUFFON ADMINISTRATIVE ET COMMERCIALE

1883

LETTRES INÉDITES DE BALUZE

A M. MELON DU VERDIER

LETTRES INÉDITES

DE BALUZE

A M. MELON DU VERDIER

Publiées avec une Introduction et des Notes

PAR

RENÉ FAGE

TULLE

IMPRIMERIE CRAUFFON ADMINISTRATIVE ET COMMERCIALE

1883

INTRODUCTION

La correspondance d'Etienne Baluze formerait plusieurs volumes. Aucun écrivain de son époque n'avait des relations plus étendues. Ses travaux lui avaient ouvert le commerce de presque tous les savants de la fin du XVIIe siècle et du commencement du XVIIIe. Il s'était fait, dans les maisons de l'archevêque de Marca, du cardinal de Bouillon, du ministre Colbert, des amis avec lesquels il entretenait un échange constant de communications. Pendant ses années de disgrâce, son exil, il tournait volontiers sa pensée vers Paris, où il avait laissé son cabinet de travail, sa bibliothèque, ses manuscrits ; il essayait, par les lettres fréquentes qu'il écrivait aux personnes de son entourage, de réagir contre un pénible isolement, de suppléer à ce qui lui manquait.

Beaucoup de ses lettres sont conservées à la Bibliothèque nationale ; elles contiennent de précieux renseignements, des solutions de difficultés historiques, des appréciations sur les hommes et les évènements du jour, de judicieuses critiques des ouvrages contemporains. Leur publication rendrait d'incontestables services aux érudits et serait accueillie avec la plus grande faveur par le monde savant.

Il faudrait, après avoir fouillé les dépôts publics, diriger les recherches du côté des collections particulières, pour faire un recueil complet des lettres de Baluze. Nous en avons vu figurer sur les catalogues de ventes d'autographes ; quelques-unes ont été publiées par des sociétés historiques ; il s'en trouve de fort intéressantes dans les archives privées de notre pays.

Un Tulliste, aussi attaché à sa ville natale que l'avait été Etienne Baluze, M. François Bonnelye, qui, comme son maître, a laissé une histoire, malheureusement inachevée, de sa chère Ithaque, avait formé une inappréciable réunion de documents limousins. Chercheur patient et zélé, à une époque où les trouvailles étaient plus fructueuses qu'aujourd'hui, il avait su sauver de la destruction un lot important de lettres, écrites par l'auteur des *Vies des Papes d'Avignon* à un de ses neveux, M. Melon du Verdier, conseiller au présidial de Tulle. Ces précieux autographes sont conservés par le gendre de M. Bonnelye, M. Lacoste, qui avait été son élève et son collaborateur, et qui a bien voulu nous autoriser à les publier.

Relatives pour la plupart à des affaires privées, les lettres de Baluze à du Verdier n'en sont pas moins intéressantes ; elles jettent un jour nouveau sur la vie intime de leur auteur, nous apprennent quels étaient ses sentiments pour les membres de sa famille, quelles relations il avait conservées avec sa ville natale. Nous y voyons percer à chaque page la tournure aimable de son esprit, sa nature bienveillante et serviable ; nous saisissons au vol les petits soucis qui venaient l'assaillir au milieu de ses travaux d'érudition.

Elles fourniront pour son portrait plus d'une ligne

qui, jusqu'à ce jour, avait échappé à ses biographes; et, à ce titre, le public sera reconnaissant à M. Lacoste de les lui avoir livrées.

I

Les lettres de Baluze à M. du Verdier sont au nombre de cent quatorze, écrites du 10 octobre 1682 au 6 novembre 1700; nous y joignons trois lettres à l'adresse de Mme du Verdier et quelques autres à divers personnages. Charles-Antoine Melon du Verdier ne mourut que le 18 décembre 1725; mais il avait été pourvu, en 1701 ou 1702, d'une charge de receveur des tailles à Nevers, et il quitta alors le Limousin. Les lettres qu'il reçut de Baluze, après son départ de Tulle, n'ont pas été conservées; c'est ce qui explique pourquoi la correspondance que nous publions s'arrête à la fin de l'année 1700. Cette collection n'est malheureusement pas complète. Nous n'avons aucune des lettres de 1687 et de 1697; il n'en a été conservé qu'une seule de 1691; quelques années ne sont marquées que par deux ou trois; les séries les plus importantes, celles de 1693 et 1696, qui comprennent dix-huit lettres chacune, présentent elles-mêmes de regrettables lacunes.

Elles sont pour la plupart assorties de leurs enveloppes, ou bien portent la trace du pain ou de la cire qui avait servi à les cacheter. Nous lisons sur celles de la première année la suscription suivante : « A Monsieur du Verdier, advocat en parlement à Tulle »; ou encore : « A Monsieur Melon Sr du Verdier, advocat en parlement ». L'adresse des autres est ainsi conçue : « A Monsieur du Verdier, premier assesseur en la mareschaussée et conseiller au présidial de Tulle, à Tulle »; ou bien : « A Monsieur du Verdier, conseiller au présidial à Tulle »; ou enfin :

« A Monsieur du Verdier, conseiller du Roy au présidial de Tulle, et premier assesseur en la mareschaussée du Bas-Limousin, à Tulle ».

Nous avons relevé sur les enveloppes les empreintes de quatre cachets différents. — D'or à la couleuvre d'azur posée en pal ; ce sont les armes de Colbert. Baluze se servait quelquefois, pour clore ses lettres, du cachet du ministre dont il était le bibliothécaire. — *Fide et Veritate. ST. BAL.*; deux personnages, la Foi et la Vérité, debout sur un autel. Baluze avait adopté cette devise et fait graver cet emblême, que nous retrouvons en vignette sur le titre de son *Histoire de la Maison d'Auvergne*. — D'azur au chevron accompagné en chef de deux feuilles de trèfle et en pointe d'un épi, le tout d'or ; ce sont les armes d'Etienne Baluze. La variante qui suit se trouve sur une seule empreinte un peu fruste : d'argent au chevron d'azur accompagné en chef de deux feuilles de trèfle et en pointe d'un épi de....... Elle est due, sans doute, à une faute du graveur.

II

Etienne Baluze fut appelé à Tulle, en 1682, à l'occasion d'un projet de mariage entre une fille de son frère et M. Melon du Verdier, auquel le rattachaient déjà quelques liens de parenté. L'union lui paraissant convenable, il s'employa de tout son pouvoir à la faire réussir. Ce ne fut pas sans peine et sans démarches. M. du Verdier et Mlle Perrine Baluze étaient cousins ; l'évêque de Tulle, Mgr Humbert Ancelin, refusait les dispenses ; il ne fallut pas moins que les avis de grands avocats de Paris pour le faire fléchir. Le mariage fut célébré à la fin de l'année 1683, après de nombreux mois d'attente. Les quatre premières lettres que nous publions ont été écrites au cours de ces négociations.

En même temps qu'il travaillait à aplanir les obstacles qui s'opposaient à l'union de sa nièce et de M. du Verdier, Baluze usait de tout son crédit pour procurer à ce dernier une charge honorable dans sa ville natale. Les siéges judiciaires étaient occupés. Il fallut toute l'influence de Colbert, et, après sa mort, de ses parents, le marquis de Croissy, son frère, le marquis de Seignelay, son fils, Nicolas Desmarets, son neveu, il fallut l'appui du chancelier Michel Le Tellier, et de son fils l'archevêque de Reims, pour obtenir la création d'un poste nouveau : M. du Verdier, âgé de 26 ans à peine, fut nommé d'emblée à un office de conseiller du roi, premier assesseur en la mareschaussée et conseiller au siége présidial de Tulle (1). La faveur était trop grande pour ne pas soulever contre le jeune débutant les protestations des anciens magistrats du tribunal. Froissé par l'accueil que lui firent ses collègues, il s'en plaignit à Baluze, et n'hésita pas à recourir à ses obligeants services. Les lacunes de la correspondance ne nous permettent pas de connaître la fin de l'incident.

Quelques personnes ont mis en doute les sentiments d'affection que Baluze professait pour les membres de sa famille. Les lettres que nous publions démontrent l'injustice de ce reproche. Nous avons vu les soins qu'il prit de faciliter le mariage de sa nièce et le souci qu'il eut de procurer à son neveu une honorable et brillante position. Son attachement à M. du Verdier ne se démentit pas un seul instant. Il en donna une marque nouvelle lors des Grands Jours de Limoges, à la fin de l'année 1688. Sur la recommandation de Baluze, M. d'Ablège, commissaire délégué pour le Bas-Limousin, s'attacha pendant toute la durée de sa mission M. Melon du Verdier

(1) Cette charge fut payée par Melon du Verdier 4,400 livres (*Papiers de M. Melon de Pradou*).

en qualité de substitut. Les fonctions que le jeune magistrat du présidial de Tulle eut à remplir en cette circonstance étaient des plus délicates; il fallait instruire contre des officiers de justice, redresser leurs abus, réprimer leurs concussions, faire comparaître et interroger des personnages haut placés et puissants. M. du Verdier ne se montra pas inférieur à cette tâche difficile. « C'est un homme de mérite, écrivait de lui M. d'Ablège, et qui a bien de l'esprit; il mériteroit toute autre occupation que celle de Tulle... il faut toujours employer un aussi bon sujet que lui. »

Mis en évidence par le poste qu'il avait occupé à côté du commissaire des Grands Jours, M. du Verdier ne tarda pas à être en butte à des tracasseries, à des menaces. Il eut sa part des haines excitées par les arrêts de la cour souveraine de Limoges. Ceux de ses collègues, qui avaient été compromis, lui témoignaient un vif ressentiment. Il craignit, le cas échéant, de ne pas trouver dans son pays des juges impartiaux et demanda à M. d'Ablège de lui procurer une évocation générale à tout autre parlement que celui de Bordeaux, des affaires que ses parents et lui pourraient avoir à soutenir. Baluze appuya sa requête, et sollicita pour lui, dans une lettre pressante, la protection du marquis de Croissy, intendant de justice, frère du grand Colbert. Malgré ces hautes interventions, la demande d'évocation ne put être accueillie.

Les voyages étaient longs et pénibles au XVIIe siècle. Les grandes routes n'avaient pas encore pénétré le Bas-Limousin; les chemins carrossables y étaient peu nombreux et en mauvais état; aucun service de voiture ne reliait Tulle à la capitale. Nous ne trouvons, dans la correspondance que nous publions, que la mention de deux visites faites par Baluze à sa ville natale.

Au mois de juin 1689, l'illustre savant, après un

de ses voyages, regagnait Paris. Du Verdier lui avait prêté son cheval et le faisait accompagner par son domestique jusqu'à Clermont. C'est là seulement qu'il devait prendre le coche de Paris. Du Verdier avait suivi son oncle jusqu'à Vitrac, à moitié route d'Egletons environ. Chemin faisant, il lui avait rappelé les difficultés sans nombre qu'il rencontrait à Tulle et l'avait supplié de lui trouver ailleurs un emploi moins difficile. Baluze lui donna une lettre d'introduction auprès de M. de Vaubourg, intendant de justice en Auvergne, qui se trouvait à Saint-Angel dans le courant du mois de septembre de la même année (1). Cette entrevue, si elle eut lieu, n'amena aucun changement dans la position de M. Melon du Verdier ; il continua d'occuper sa charge au présidial de Tulle. Le temps effaça peu à peu le souvenir des Grands Jours ; les esprits se calmèrent, et le neveu

---

(1) Il est possible que du Verdier n'ait pas usé de la lettre de Baluze, car nous en avons retrouvé l'original dans les papiers de M. Bonnelye; elle est ainsi conçue :

A Monsieur de Vaubourg, Conseiller du Roy en ses Conseils, Maistre des Requêtes ordinaire de son hostel, Intendant de la justice, police et finances en Auvergne. A Saint-Angel.

A Paris le 24 septembre 1689.

Estant si près de Tulle comme vous en serez lorsque vous serez à Saint-Angel, il seroit très mal, Monsieur, que pas un de mes proches ne vous y allat saluer, et vous asseurer par sa présence du ressentiment que nous devons tous avoir pour les bontés qu'il vous plaît d'avoir pour moy. Je ne vous prie pas, Monsieur, de faire un bon accueil à la personne qui vous rendra cette lettre, parce que je suis très asseuré que vous ne pourriez pas en user autrement, estant naturellement bon et honeste. Ce que je ne dis pas pour diminuer en rien l'obligation que je vous auray du bon traictement que vous luy fairez, mais pour vous marquer combien je crois estre seur de l'honeur de vos bonnes graces. Aussi suis-je avec un respect très sincère, Monsieur, vostre très humble et très obéissant serviteur.

E. Baluze.

de Baluze fut, pour le reste de sa carrière, à l'abri des inquiétudes et des vexations de ses collègues.

Il exerça ses fonctions jusqu'en 1701 ou 1702, époque à laquelle il céda son office de conseiller au présidial et assesseur en la mareschaussée à M. de Braquilanges (1); il quitta alors le Limousin pour aller habiter la ville de Nevers où il venait d'être pourvu, grâce à l'influence de Baluze, d'une charge de receveur des tailles qu'il transmit plus tard à son fils Etienne.

Du Verdier était pris du désir de connaître Paris; son oncle l'avait convié à le venir voir et lui avait offert une chambre dans sa maison. En septembre 1691, il annonça son arrivée prochaine à Baluze qui l'assura du plus affectueux accueil. Le voyage fut ajourné jusqu'à l'automne de 1692. Son séjour dans la capitale se prolongea bien au-delà du terme qu'il avait fixé en quittant Tulle. Sa femme, qu'il avait laissée enceinte, tourmentée de sa longue absence, lui écrivait les lettres les plus pressantes pour hâter son retour; il faisait un peu la sourde oreille, ou imaginait des prétextes, pour gagner encore quelques jours. Il attendait, disait-il, le départ d'un compatriote qui ferait route avec lui; le dernier ordinaire était complet et l'on ne pouvait, d'une semaine, lui promettre une place. Le motif vrai qui le retenait à Paris, c'étaient les distractions qu'il y trouvait, l'hospitalité charmante qui lui était offerte, la nombreuse et gaie compagnie qui se réunissait chez son oncle et lui faisait fête. Baluze l'avait mis en relation avec tous les familiers de sa maison, le financier Villault, le chi-

(1) Melon du Verdier vendit sa charge avec bénéfice. Il l'avait payée 4,400 livres, or M. Melon de Pradou, président de la *Société des Lettres, Sciences et Arts de Tulle*, conserve des quittances délivrées par Melon du Verdier à M. de Braquilanges, son successeur, en 1703, 1704, 1705 et 1706, pour une somme totale de 6,600 livres, ne se référant qu'à des paiements à valoir sur le prix de vente de l'office.

rurgien de Levrye, l'abbé Boyer, un Tulliste qui savait égayer la table par ses bons mots, La Condamine qui se plaisait aux aventures égrillardes. Jeune, de bonne humeur, apportant dans les causeries son naturel et sa rondeur provinciale, du Verdier était l'enfant gâté des dames. Mme et Mlle Villault, Mme de Levrye et sa fille Angélique, Mme Roussel, veuve d'un médecin ami de Baluze, étaient à ses petits soins, le comblaient de prévenances. Les dîners étaient l'occasion de joyeuses conversations, où chacun apportait la note de son esprit. Etienne Baluze, qui se piquait de se connaître en cuisine, préparait lui-même, en l'honneur de son neveu, des plats limousins qui obtenaient le plus grand succès (1). C'était plus qu'il ne fallait pour faire oublier à M. du Verdier sa vie monotone de la province, ses justiciables et peut-être aussi les lamentations de sa femme qui le rappelait chaque jour par des lettres désespérées.

Cependant, le 15 novembre, il songea à son départ, fit ses préparatifs, annonça son arrivée à sa femme et lui recommanda d'envoyer à son avance, jusqu'à Aubusson, deux chevaux avec un domestique courageux et sûr, armé de pistolets avec de la poudre, des balles et tout l'attirail nécessaire pour parcourir « les chemins fâcheux (2) ». Il arriva à Tulle sans encom-

---

(1) Paris, ce 1er novembre 1692.

..... Monsieur l'abbé Boyer ne parle pas de venir si tost, ainsi je le trouveray encore apparament au pays. Son frère est venu diner icy ce matin avec nous, et vostre oncle a pris grand peyne à faire luy-mesme une soupe au fromage, dont j'ay tant mangé que j'en suis encore soul; c'est une débauche de Limousin. — *(Extrait d'une lettre de M. du Verdier à sa femme).*

(2) *Mademoiselle du Verdier, à Tulle.*

Paris, le 15e novembre [1692].

Je partiray d'icy Dieu aydant lundy prochain qu'on contera dixseptième de ce mois de novembre et j'espère arriver à Tulle le lendemain de Sainte Catherine, ou le jeudy qui est un jour après. C'est pour cela qu'il faut m'envoyer à Aubusson un

bre avant la fin du mois. Baluze lui expédia ses bagages par le messager de Limoges et il remit à un compatriote, qui se chargea de les lui porter, différents objets qu'il avait oubliés pour Mlle Baluze, un livre de cuisine, et le *Jardinier françois* pour leur père.

La famille de Baluze n'avait qu'une très modeste fortune. Ses sœurs s'imaginaient que les bénéfices dont Etienne avait été gratifié, la vente de ses ouvrages, sa chaire de droit canon lui assuraient d'importants revenus. Elles avaient, à plusieurs reprises, fait fond sur lui, et pensaient que du Verdier allait revenir de Paris les mains pleines des cadeaux que leur frère leur destinait; du Verdier avait reçu leurs confidences et connaissait leur secret espoir. Il s'en ouvrit à Baluze, qui ne refusa pas d'envoyer à ses sœurs ce qui pouvait leur être nécessaire, mais ne voulut leur donner ni colifichet, ni bijoux (1).

---

cheval pour moy, et un cheval pour ma valise come je vous ay dejà mandé, avec mes pistolets. Et si les chemins sont fascheux comme vous dites, il faut aussy en faire prendre à l'home que vous m'envoyerez. Mais si ce n'est pas Jaucen qui y amène les chevaux, il faut un home fidèle et asseuré, sur qui on puisse se fier et qui sache les chemins. Donnez lui des balles et de la poudre. Pour mes bottes, j'ay acheté icy des guestres qui feront le voyage, ainsi il est inutile d'en envoyer. Faites que rien ne manque aux chevaux et qu'ils arrivent le vingt et quatriesme à Aubusson, qui est la veille de Sainte Catherine, aymant mieux les y trouver que de les y attendre. Il faut qu'ils aillent au logis où logent les messagers de madame Blanct. Je seray seul de nostre pays, et je ne sais si je trouveray bonne compagnie dans le carrosse de Bourges. — (*Extrait d'une lettre de M. du Verdier à sa femme*).

(1) Lettre sans date (novembre 1692).

J'ay sondé ton oncle sur le chapitre de ses sœurs; il veut bien leur envoyer le nécessaire, mais il ne veut leur donner rien de superflu, ny d'extraordinaire, surtout au temps où nous sommes, et point de dorures car il ne veut pas qu'elles portent d'or. — (*Extrait d'une lettre de M. du Verdier à sa femme*).

Il semble s'être départi néanmoins de cette rigueur en faveur de sa nièce Louise, belle-sœur de du Verdier. Ce dernier, voulant offrir à Louise une bague en émeraude, envoya la mesure à Baluze, qui chargea de l'acquisition l'abbé Boyer. On peut croire, par la correspondance, que Baluze ne s'en fit pas rembourser le coût.

Ce n'étaient pas seulement ses goûts qui le détournaient de faire à ses parents des cadeaux frivoles et coûteux; sa fortune était trop restreinte; les guerres et la disette pesaient sur toutes les bourses; les recherches, les copies de documents, les acquisitions de livres et de manuscrits, l'impression de ses ouvrages, absorbaient les ressources du savant; sa caisse était souvent vide. Le 21 février 1693, il écrivait à son neveu, qui lui avait demandé un secours pour les pauvres : « Je n'ai pas d'argent présentement. »

La générosité d'Etienne Baluze ne saurait être mise en question. Du Verdier l'avait éprouvée pour son compte, pendant son séjour à Paris. L'accueil que lui avait fait son oncle avait été si empressé, si cordial, qu'il songea en 1695 à lui faire une seconde visite.

Nous ne pouvons préciser la date de ce voyage, les lettres de Baluze du mois d'août 1695 au mois d'avril 1696 n'ayant pas été conservées; il se place entre ces deux dates, probablement pendant l'automne de 1695. Les relations de du Verdier avec les personnes de l'entourage de son oncle, devinrent plus étroites. A cette époque, Mlle Angélique de Levrye habitait dans la maison de Baluze; elle s'était dévouée au vieux savant, l'entourait de ses soins, le charmait par sa gaîté. Pendant les années de disgrâce, c'est elle qui veillait à ses papiers et à sa bibliothèque. Elle était à la fois le lutin aimable et la bonne fée de son foyer. Son enjouement, son entrain, sa verve spirituelle, firent bien vite la conquête de du Verdier;

ils étaient amis au bout de quelques jours, et ne se quittèrent qu'en promettant de se revoir bientôt et de s'écrire souvent ; ils tinrent parole (1).

---

(1) Nous avons retrouvé les deux lettres suivantes de Mlle de Levrye :

1° *A Monsieur Du Verdier, à Tulle.*

A Paris ce 26e may 1696.

Monsieur, si je m'estois trouvée à Paris lorsque la letre que vous m'avez fait l'honneur de m'escrire y arriva, je n'aurois pas manqué de m'acquitter de mon devoir en cette rencontre. J'y satisfais présentement, monsieur, avec d'autant plus de reconnoissance que je sçais que vous avez eu la bonté de vous souvenir de moy dans toutes les lettres que vous avez escrites à monsieur Baluze depuis mon despart qui fut le mesme jour que vous quittates ce cher Paris. C'est de quoy je vous remercie très humblement.

Je donné à diner dimanche dernier à six demoiselles de mes amies qui beure toutes à votre santé quoy qu'elles n'ont pas le bien de vous connoistre, or mademoiselle Beudon à qui je fis le conte de refauger (*) qui la fit un peu pesté ce qui fit fort rire toute la compagnie. Elle m'a chargé de vous faire ces (*sic*) compliments, c'est de quoy je m'acquitte présentement.

Je vous souhaite, monsieur, un aussi bon appéti pour le soupé de Saint-Clère que celuy que j'ay aporté de Dieppe. Je suis revenu de ce pays dans un embonpoint qui me rant meconnoissable tan que je suis grace.

A Dieu, monsieur, je vous prie de tout mon cœur de vouloir oublier toutes mes follis tant présente que passé ; j'ose espérer que vous ferez cette grace à celle qui ce dit de tout son cœur vostre tres humble et tres obeissante servante.

Angélique De Levrye.

Ma mère et ma sœur prennent la liberté de vous saluer.

(*) *Conte de rèfauger* ou *conte refauger ;* en patois *counte refo-oudié*. Béronie, dans son *Dictionnaire patois*, traduit ainsi cette expression : conte rebattu, rabâché. Une personne fait un conte refauger lorsque, priée de dire une histoire, elle fait d'abord des façons, et puis commence son récit et le recommence sans fin. M. l'abbé Joseph Roux a recueilli, en Limousin, le dicton suivant : « qu refaujа, enauja, » *qui rabâche, ennuie.*

2° *A Monsieur Du Verdier, Conseiller du Roy, à Tulle.*

De Paris ce 23e aoust 1698.

Puisque vous estimez, mon cher [compère (?)] qu'une de mes lettres en vaut bien deux des votres je vous paye par cellecy des deux que vous m'avez fait l'honeur de m'escrire. Je ne sçay pas si vous serez bien content du payement, mais je vous

Mlle Beudon ne le cédait pas en gaîté à son amie Angélique de Levrye, et faisait autant de frais qu'elle pour être agréable au neveu de Baluze. Elles montraient l'une et l'autre un si grand plaisir à boire à sa santé, qu'il eût été difficile, écrivait l'abbé Boyer, de « dire qu'elle beuvoit de meilleur cœur car elles beuvoient bien toutes les deux et de bon cœur (1). »

---

peux asseurer que je feray toujours ce qui pourra dependre de moy pour vous marquer l'estime que je fais de l'honeur de vos bonnes graces. Et c'est par cette raison que je vous supplie de me les conserver toujours malgré ma negligence; vous ne pouvez pas les accorder à personne qui en fasse plus de cas que moy, ny qui les mérite mieux, si vous considérez l'affection avec laquelle je vous les demande.

Cependant que vous estes éloigné d'icy nous ne vous oublions pas votre [commère (?)] et moy nous faisons souvent mention de vous dans nos entretiens et il m'est arrivé plus d'une fois en me promenant dans le plus beau endroit du jardin de Saint-Clout de dire avec un grand hélas pourquoy mon cher [compère (?)] n'est ty pas icy. Après cela dite que je ne pance pas à vous. Nous croyons aussi qu'en vostre mémoire vous nous consolez de vostre absence. Mais pour mon particulier je seray beaucoup mieux consolée lorsque vous serez de retour à Paris; ce ne sera jamais assez tost pour moy, je vous prie de le croire, et que je suis toujours très sincèrement vostre très humble servante.

[Angélique DE LEVRYE.]

[Vos commères] vouloit vous escrire dans la première letre que je vous devois escrire, mais je n'ay pas le temps de leurs envoyer ma lettre; se sera pour la première fois. Adieu, je vous embrace milles fois de tout mon cœur.

(Les passages entre crochets sont soigneusement effacés).

(1) La lettre de l'abbé Boyer est intéressante; nous la reproduisons intégralement :

Monsieur Duverdier conseiller du Roy au Présidial.
A Tulle.

A Paris ce 11e octobre 1698.

Il y a asses longtemps, Mon cher Monsieur, que vous estes parti pour estre en droit de vous demander de vos nouvelles

Il n'est pas douteux cependant qu'Angélique occupât dans l'intimité de du Verdier le premier rang. Sa situation dans la maison de Baluze, en effet, la mettait constamment en contact avec le magistrat tulliste. Après leur séparation, ils échangèrent quelques lettres; lorsqu'il écrivait à Baluze, du Verdier ne manquait pas de le charger de ses compliments pour Mlle Angélique. Les relations avec Mlle Beudon furent plus éphémères; la correspondance de Baluze n'en fait pas mention; nous ne les connaissons que par les lettres de l'abbé Boyer et de Mlle de Levrye.

Il semble que, pendant son voyage à Paris, Melon du Verdier ait partagé avec un ami de son oncle, La Condamine, les lauriers d'une autre conquête. La lettre dans laquelle La Condamine lui parle *du faible* qu'ils ont trouvé autrefois chez la *petite personne au grand nez,* qui s'appelle Lisette, est trop vague et

---

et de l'estat de vostre santé. J'ay esté chez Mr Baluze où j'en ay apris, et où on n'oublia pas de boire à vostre santé, et du cher Tiénot, plus d'une fois. Vous y aviez deux puissants solliciteurs pour cela c'estoit mes damoiselles Angélique et Beudon qui se faisoient un vray plaisir de la boire. Je me suis chargé de vous le faire scavoir. Je serois bien embarassé de vous dire qu'elle beuvoit de meilleur cœur car elles beuvoient bien toutes les deux et de bon cœur.

Je ne sçay qui m'a dit que vous deviez revenir bien tost; je le souhaite, et je voudrois vous y voir bien en place. En attendant si vous me jugez bon icy à quelque chose, vous pouvez compter sur moy comme sur vostre très humble et tres obéissant serviteur.

BOYER.

On demande beaucoup ici des ouvrages de nos filles de Tulle pour des coifures, et si vous en pouviez avoir, on tacheroit de les faire débiter pourveu que les prix ne soient pas excessifs; il faudroit bien recommander de faire les fleurs fort petites afin que les fonds paroissent plus clairs parce que cela sied mieux au visage. Tout cela suppose que vous ayez la même facilité d'en avoir.

Beuvez quelques fois à ma santé, je vous promets de vous faire raison.

trop incohérente, pour nous permettre sur le compte de cette fille volage la moindre indiscrétion (1).

Le jeune magistrat qui menait, dans sa petite ville natale, une vie austère et monotone, goûtait le charme de cette société accueillante, du sans-gêne des habitudes parisiennes.

Après quelques années de contrainte, de tenue grave, comme il sied à un conseiller de province, du Verdier éprouvait le besoin d'aller frapper à la porte hospitalière de Baluze (2). Les lacunes de la correspondance que nous publions nous empêchent de donner le compte exact des voyages qu'il fit à Paris. Une lettre de son oncle, du 26 juillet 1698, nous autorise à croire qu'il y était au commencement de ce mois. Il avait annoncé un autre voyage en janvier

---

(1) Lettre du 26 juillet 1696. Elle est ainsi conçue :

A Monsieur Du Verdier Ccr du Roy au Présidial à Tulle.

A Paris, le 26e juillet 1696.

Je suis tres content, monsieur, d'aprendre que la lettre de vostre amy n'a pas esté randue, elle m'avoit fait une vraye peine.

Vous avez raison de croire que le foible que vous et moy avons trouvé autrefois chez la petite personne durant plus que jamais, pourroit par la complaisance dont [.....] à faire plaisir par celluy seul qu'on ressent; quand mesme j'y trouveroy quelque chose de contraire, me feroit oublier mon devoir, si j'estois tres vicieux (?); cependant demeurons d'accord sans jalousie que cet attachement pour le premier venu est quelque chose de bien rebutant et qui marque un penchant bien terrible, et qui ne peut estre aussy pardonnable come tout ce qu'on auroit pu faire avec nous. Vous devriez bien m'achever le portrait du grand nez par ses autres qualités et le reste de son mérite.

....

Je suis, monsieur, à vous très parfaitement et beaucoup plus que Lisette depuis qu'elle a un grand nez.

La Condamine.

(2) Melon du Verdier aimait les voyages. Comme il avait annoncé à son oncle son intention d'aller visiter Rochefort, Baluze lui envoya des lettres de recommandation pour l'intendant général de la marine à Rochefort, et pour M. de Bouville à Angoulême. — 18 mars 1690.

1700, et Baluze lui écrivait : « Puisque vous vous disposez à venir bientôt en ce pays, il faudra faire en sorte qu'on ménage le vin vieux, afin qu'il s'y en trouve à vostre arrivée (1). »

III

La famille de M. Melon du Verdier avait une large part de l'affection de Baluze. Sa jeune femme était, comme nous l'avons dit, la nièce et la filleule de l'historien. Aussi, comme il s'intéresse à son bonheur et à sa santé ! Dès que le mariage est arrêté, il donne aux fiancés de sages et tendres conseils. « Je me promets de vostre bon naturel, écrit-il à son neveu le 31 décembre 1682, et de celluy de vostre cousine que vous vous gouvernerez si bien l'un l'autre qu'il ne faudra pas de médiateur pour mettre la paix entre vous. Je vous la recommande néantmoins, comme une personne que j'ayme bien. Et je luy recommande à elle qu'elle vous ayme et honore bien, et qu'elle ayme aussi et honore parfaitement monsieur et mademoiselle de Melon, comme elle y est obligée. » Il s'inquiète de la moindre indisposition de sa filleule. « Je n'ay pas esté content d'apprendre que ma fillole a de temps en temps de petites incommodités et qu'elle ne veut pas y prévoir. Je vous prie, Monsieur, de le luy dire de ma part (2). » Il lui adresse ses souhaits de nouvel an :

« Mademoiselle (3),

» Je vous remercie des vœux que vous faites pour

(1) Lettre du 9 janvier 1700.

(2) Lettre du 10 juin 1684.

(3) Madame du Verdier. Au XVIIe siècle le titre de *Madame* n'appartenait qu'aux femmes de gentilshommes et à celle dont le mari exerçait une profession réputée noble. Les femmes de bourgeois n'avaient que le titre de *Mademoiselle*.

ma conservation et vous prie de croire que je seray toujours bien ayse de vous marquer mon amitié dans les occasions qui se présenteront de vous rendre service. Je vous souhaite toute sorte de prospérités, et prie Dieu qu'il vous conserve en aussy bonne santé pendant cette année que vous l'avez euë pendant la dernière, et encore meilleure. Continuez moy toujours, s'il vous plait, vostre bonne volonté, et croyez moy toujours, Mademoiselle, vostre très humble et très obéissant serviteur.

» E. Baluze.

» A Paris le 13 janvier 1685. »

Il lui faisait de temps en temps des cadeaux et exprimait son mécontentement lorsqu'ils n'arrivaient pas en bon état à sa filleule :

« Mademoiselle,

» Il me déplait bien que ma mauvaise fortune ait fait qu'on vous a soustrait une partye du présent que j'avais prié monsieur Barrat de vous présenter de ma part. Il faudra réparer cette perte par quelqu'autre moyen. Cependant je vous remercie des témoignages d'amitié que vous m'avez donnés en cette occasion et au sujet de ma maladie. J'en suis entièrement quitte par la grâce de Dieu, et tasche à confirmer ma santé, afin de ne tomber pas dans l'inconvénient dans lequel est tombé M. Faure. Je salue M. du Verdier, et suis sans difficulté, mademoiselle, vostre très humble et très obéissant serviteur.

» E. Baluze.

» A Paris le 10 décembre 1689. »

Quelques années plus tard, il lui envoie pour ses étrennes un tablier « des plus à la mode, c'est-à-dire tout simple; car, selon l'usage en France, l'on est allé d'une extrémité à l'autre, sans passer par le milieu. On en faisoit qui coûtoient jusqu'à vingt louis d'or; et présentement on les fait tout simples (1). »

Pendant la grossesse de sa filleule, Baluze est plein de sollicitude pour sa santé; il lui récommande « de se bien mesnager, de peur de gaster ce qui a esté bien fait jusqu'icy (2). » Il attend avec impatience la nouvelle de l'accouchement (3).

On lui annonce enfin la naissance d'un beau garçon dont il sera le parrain; c'est pour lui une grande joie. Il fait part de cet heureux évènement à ses amis, l'abbé de Louvois, M. Hersant, la famille Villault qu'il appelle en plaisantant « la famille Villaultique ». Il complimente son neveu, lui recommande ce petit enfant qui lui doit être bien cher. Il écrit à sa nièce une lettre de félicitations : « Vous méritez des loüanges d'avoir fait un beau garçon. Vous avez reculé pour mieux sauter (4). » L'enfant n'était arrivé qu'après dix années de mariage. Sa naissance était d'autant mieux fêtée qu'on l'avait attendu plus longtemps. Baluze répète avec fierté ce vers composé pour la circonstance par M. Hersant :

Et Baluziolos gaillarda e gente nepotes (5).

---

(1) Lettre du 5 janvier 1692.

(2) Lettres des 14 juin et 6 décembre 1692.

(3) Lettres des 22 novembre et 20 décembre 1692.

(4) Voici la lettre de Baluze à sa nièce, Mme du Verdier :

Mademoiselle, je ne sçaurois que vous loüer de ce que vous venez de faire. Car véritablement vous méritez des loüanges d'avoir fait un beau garçon. Vous avez reculé pour mieux sauter. Il faut désormais bien prendre soin de vous et de ce petit enfant, et prier Dieu qu'il vous fasse la grâce de le voir croistre et profiter de corps et d'esprit. Ce me sera une très grande joye si je le pouvois voir dans un aage un peu avancé. Je vous souhaite une bonne année, et suis de tout mon cœur, mademoiselle, vostre très humble et très obéissant serviteur.

A Paris le 27 décembre 1692. E. Baluze.

(5) Lettres des 27 décembre 1692 et 3 janvier 1693.

Mme du Verdier se releva assez vite de ses couches malgré une sciatique qui la fit souffrir pendant quelques jours (1). Sa santé ne semblait donner aucune inquiétude lorsque nous apprenons, sans avoir trouvé dans la correspondance trace de sa maladie, qu'elle venait de succomber. Les lettres que Baluze écrit, dans cette circonstance, à son neveu, sont touchantes et empreintes de la plus affectueuse sympathie. Il ne faut pas, dit-il à plusieurs reprises, que cette mort nous désunisse ; « il nous reste désormais à bien prendre soin de mon filliol, lequel je vous recommande; et je supplie mademoiselle vostre mère de le vouloir aymer et chérir comme son propre fils, ainsy que je fais bien estat qu'elle le faira (2). » Dans la lettre suivante, parlant encore de Mme Melon, il dit : « Elle doit compter qu'elle n'avait qu'un fils, et qu'elle en a à cette heure deux, dont vous estes l'aisné (3). »

Les mêmes amis qui, quelques mois auparavant, avaient porté au grand oncle leurs félicitations sur l'heureuse naissance de son petit neveu, s'empressèrent de lui témoigner leurs regrets sur la mort de sa nièce et filleule. Baluze fit part à M. du Verdier de ces affectueuses démarches. Ce fut avec peine qu'il constata, en cette circonstance, l'indifférence de certaines personnes à l'attachement desquelles il avait des droits. Mgr Humbert Ancelin, évêque de Tulle, qui était à Paris, ne lui fit pas visite; il se montra très sensible à cette abstention. Dans une lettre du 10 janvier 1693, il s'était déjà plaint des procédés de l'évêque de Tulle à son égard. Ce prélat, disait-il, « n'a laissé échapper aucune occasion où il aye peu marquer son chagrin contre moy, qui ne lui en avois

(1) Lettre du 10 janvier 1693.
(2) Lettre du 18 juillet 1693.
(3) Lettre du 1er août 1693.

donné aucun subject. » Baluze qui s'était mis en relation avec Mgr Ancelin, lors de sa nomination à l'évêché de Tulle, espérait conserver ses bonnes grâces. « Je m'estois facilement persuadé dans la pensée où je suis, écrivait-il à son neveu, qu'un évesque ne se faira jamais de tort d'estre de mes amys, et sçachant d'ailleurs que beaucoup de gens constitués en un plus haut rang, en plus grande dignité et auctorité que luy ne se croyent pas déshonorés en faisant profession d'amitié avec moy (1). » Le savant historien avait compté sans l'esprit borné et le caractère hautain du prélat, qui ne laissa à Tulle que des inimitiés, et qui, lors de son abdication, au moment où il quitta la ville, salua son diocèse de ces paroles du Psaume : *In exitu Israel de Ægypto, domûs Jacob de populo barbaro* (2).

Baluze était plein de sollicitude pour l'enfant que Mme du Verdier laissait en mourant. Le malheur, qui venait de frapper son filleul dès le berceau, le lui rendait particulièrement cher. Il suivait avec un vif intérêt les mille petits incidents de sa vie ; il se réjouissait de le savoir bien portant, s'inquiétait de ses moindres indispositions, se montrait fier de sa beauté et de sa force. Il plaisante de son grand appétit : « Il luy faudra peut-estre trois cent mille vaches pour l'alaicter, comme à Pantagruel, ce qui seroit d'une très grande despense (3). » A ce régime, l'enfant se développait rapidement, et Baluze en exprimait sa joie : « Pour monsieur mon filliol, je suis bien ayse d'apprendre qu'il croît en vertu et qu'il scait déjà faire ce que le bon Pantagruel faisoit dans un age plus avancé. *Diou lou fasso creysse* (4). »

---

(1) Lettre du 10 janvier 1693.
(2) Bonnelye, *Histoire de Tulle*, p. 205.
(3) Lettre du 3 janvier 1693.
(4) Lettre du 10 janvier 1693.

Il l'appelle déjà Monsieur; bientôt il le saluera du titre de Monseigneur. Les noms de Mimy et de Tiénot ne lui seront donnés que plus tard lorsqu'il commencera à devenir un personnage. L'allaitement ne pouvait s'achever sans l'apparition des douloureuses coliques connues sous le nom de tranchées des enfants. Etienne Baluze en fut informé, prit conseil d'une dame de ses amies, veuve du médecin Roussel, et recommanda l'application d'emplâtres de thériaque. Mimy ne put endurer le remède; force fut donc de le laisser crier (1). Le célèbre érudit se montrait attentif aux plus petits détails. Son neveu s'étant enrhumé, il faut guérir ce rhume, écrivait-il au père : « Cette sorte de denrée n'est pas bonne pour un enfant (2). » Comme on lui avait fait savoir que Mimy avait deux nourrices, il redoute l'effet de ce régime : « Cela ne peut que luy estre nuisible, à cause du combat des deux laits. » Et il engage M. du Verdier à supprimer une nourrice.

Dans chacune de ses lettres, Baluze met quelques mots affectueux pour son jeune filleul; il lui souhaite de croître « toujours en beauté et en agréements (3) »; il lui annonce qu'on a bu à sa santé; il apprend avec plaisir qu'il a donné à dîner à ses amis. Quelquefois il lui fait de paternelles réprimandes : « Mimy n'a pas eu raison de se fascher contre ceux qui m'ont fait scavoir qu'il est opiniâtre. Il devoit estre bien plus fasché de l'estre. Je vous prie de le luy dire de ma part, et qu'il doit sur toutes choses tascher d'estre bon garçon (4). » Ces recommandations affectueuses se renouvellent, lorsque l'enfant est arrivé à l'âge de les comprendre : « Il faut, écrit son oncle,

(1) Lettres des 24 janvier et 14 février 1693.

(2) Lettre du 21 février 1693.

(3) Lettre du 12 février 1695.

(4) Lettre du 6 septembre 1696.

qu'il soit bien sage, bien obéissant, et qu'il estudie bien (1). » Il parle avec satisfaction de sa bonne grâce, de son agréable physionomie : « Je ne doute point que Mimy ne soit toujours joly. Il est né comme cela. Les bonnes qualités naturelles ne changent guère. » Pour lui marquer son contentement, il lui envoie des friandises, une boîte de nonpareille de Verdun et un jouet qui devait le rendre bien heureux et peut-être lui attirer la jalousie de ses camarades, le premier cerf-volant qui ait paru dans le pays.

Tiénot avait huit ans à la date de la dernière lettre que nous publions. Il sut conserver l'affection de son parrain, qui lui donna par contrat de mariage une somme de six mille livres (2).

IV

La haute situation où était parvenu Etienne Baluze lui assurait sur tous les membres de sa famille une grande autorité. Il s'en servit discrètement pour aplanir de petites difficultés qui s'élevèrent à plusieurs reprises entre ses sœurs et ses nièces. Sa filleule, Mme du Verdier, lui ayant écrit une lettre de récriminations, il en manifesta son mécontentement à M. du Verdier et le pria d'user de sa prudence pour mettre un terme à l'incident (3). Huit ans plus tard, une nouvelle querelle éclata. Baluze se montra plus

---

(1) Lettre du 25 juillet 1699.

(2) *Testament d'Etienne Baluze*, publié par M. Léopold Delisle : « Je confirme en tant que de besoin et lègue à mon fillol Estienne Melon, receveur des tailles à Nevers, fils de ma nièce du Verdier, la somme de six mille livres que je lui ai donnée par son contrat de mariage », p. 4.

(3) Lettre du 12 août 1690.

sévère et prit énergiquement le parti de ses sœurs (1). « Je me contenterai de vous dire encore une fois, écrit-il à son neveu, que mes sœurs estant mes sœurs, tantes de mes niepces, et vieilles, il n'y a aucune raison qui puisse excuser mes niepces de n'avoir pas pour elles la déférence et la complaisance qu'elles leur doivent (2). » La leçon fut entendue; les plaintes ne se renouvelèrent pas.

Baluze avait le droit de parler ainsi à ses nièces, car il ne leur ménageait pas les marques de son affection. Nous avons vu combien il s'était montré attaché à sa filleule Mme du Verdier. La fille cadette de son frère, Louise, ne lui fut pas moins chère. Il avait marié l'aînée; il songea à l'établissement de la seconde.

C'est dans une lettre du 22 août 1693 qu'il est question pour la première fois de projets de mariage. Trois partis étaient en présence. M. Darche appartenait à une grande famille du Bas-Limousin, qui avait donné déjà un procureur général à la cour des aides de Bordeaux et un président de France à Limoges; M. de Chaunac descendait d'une maison d'ancienne noblesse des environs de Tulle; quant à M. Melon, parent sans doute de M. Melon du Verdier, il était d'une lignée bourgeoise qui occupait dans la ville, déjà depuis longtemps, un rang des plus honorables. M. Melon avait peu de biens; c'était un motif pour l'écarter. M. Darche semblait s'éloigner de Mlle Baluze. M. de Chaunac plaisait à Louise; on avait sur sa personne de bons renseignements. Baluze, qui avait eu à se plaindre du père, n'aurait fait cependant aucune difficulté à cette union. Il écrivait à son

---

(1) Lettre du 27 septembre 1698.

(2) Lettre du 4 octobre 1698.

neveu : « Vous verrez ce qui se peut faire en cette occasion (1). »

Les choses traînèrent en longueur. Plusieurs années s'écoulèrent sans qu'il fût question, dans la correspondance, du projet de mariage. En juin 1696, en octobre et en décembre 1698, Baluze recommande à son neveu de ne pas perdre de vue une affaire qui lui tient tant à cœur. M. du Verdier souhaitait sans doute de voir accueillir favorablement les démarches de son parent M. Melon; il voyait de grandes difficultés dans l'exécution des plans arrêtés par Baluze; il desservait visiblement la cause des autres candidats. Son oncle s'en aperçut et s'en plaignit vertement : « Pour M. M..., dit-il, dont vous avez fait mention, il n'y faut plus penser. Il faudrait estre ladre, clavelé, pour escouter aucune proposition de ce costé-là. (2). »

Les dispositions de Baluze étaient trop claires pour résister davantage. Du Verdier se décida à agir. « Je suis bien ayse d'apprendre par vostre lettre du 6 de ce mois, lui écrivait son oncle le 15 août 1699, que vous avez enfin entamé la matière. Car les choses sont désormais en tel estat qu'on ne peut pas avoir tant de patience qu'on en pouvait avoir il y dix ans. » Pour accélérer la marche des négociations, Etienne Baluze se rend à Lyon le 24 août, auprès de son frère qui y réside, et il donne rendez-vous dans cette ville à son neveu.

Rien n'était encore décidé, lorsque la correspondance prit fin.

Une affaire d'une autre nature préoccupait en même temps le savant historien. Elle était relative aux suites d'un partage de famille. Jean-Charles Baluze, père

(1) Lettre du 22 août 1693.
(2) Lettre du 31 juillet 1699.

de l'auteur des *Vies des Papes d'Avignon*, avait un frère nommé Calmine, qui, de son mariage avec Catherine de Maynard, avait eu plusieurs enfants, notamment Etienne, époux de Peyronne de Corbiers. De l'union d'Etienne et de Peyronne naquit Pierre Baluze du Maine, qui mourut jeune, laissant des mineurs sous la tutelle de sa femme Marguerite de Lamorre (1). Le bien du Maine, qui avait donné son nom à la branche issue de Calmine Baluze et Catherine de Maynard, passa, sans doute à la suite d'un arrangement que nous ne connaissons pas, aux mains de Jean Baluze, frère de l'historien. M. de Lamorre, oncle des mineurs, dirigeait leurs intérêts. Il avait la prétention de retenir pour eux la terre du Maine. Jean Baluze résistait. De là un procès. Son frère le poussait à une transaction, l'engageait à faire des sacrifices pour éviter de porter en justice le différend (2). Un démêlé entre parents était, à son avis, une chose pénible pour toutes parties : « Je plains, disait-il, les enfants de feu M. Baluze du Mayne de ce qu'ils ont un meschant conseil; mais je plains encore plus mon frère d'estre dans la nécessité de playder avec eux. Dieu veuille y mettre la main (3). » Il invitait son neveu à presser la solution de l'affaire; le repos de son frère était à ce prix (4).

Les procès ne marchaient pas vite au XVIIe siècle. A la fin de l'année 1698, la question du Maine n'avait fait aucun progrès. Baluze n'était pas éloigné de conseiller, pour en finir, l'abandon du bien, moyennant une rémunération en argent (5). Il avait été lui-

(1) Voir la généalogie que nous publions à la suite de cette introduction.

(2) Lettre du 28 avril 1696.

(3) Lettre du 2 juin 1696.

(4) Lettre du 28 juillet 1696.

(5) Lettre du 4 octobre 1698.

même mêlé dans l'affaire, et il souffrait pour son propre compte de toutes les lenteurs de la justice. Trois juridictions différentes en avaient été successivement saisies, Tulle, Uzerche et Bordeaux, et avaient statué sur divers incidents. Son frère était disposé à porter en définitive la cause à Paris. Etienne Baluze combattait ces intentions. « Cela le jetteroit dans un nouveau procès de quatre ou cinq ans pour le moins ; car il se passeroit bien du temps auparavant qu'il fut jugé aux requestes ; et ensuite il faudroit faire juger la cause d'appel au parlement. Ce qui ne se feroit pas si tost (1). » Le plus sage était de conclure un accommodement, « si désavantageux qu'il fût. »

M. de Lamorre semblait pencher lui-même vers une transaction et offrait de laisser Maine à Jean Baluze, à la condition qu'il ne serait pas tenu de réparer les dégradations qu'il y avait laissé commettre, et qu'une somme de 3,000 livres serait payée aux enfants de M. Baluze du Maine à leur majorité. Etienne Baluze était d'avis de prendre au mot M. de Lamorre et d'acheter la paix à ce prix (2).

Rencontrait-il de la part de son frère quelques difficultés ? Nous pouvons le croire, car, à la date du 6 novembre 1700, la transaction n'était pas encore conclue. Mais Jean Baluze était gagné aux idées de conciliation, et son gendre M. du Verdier recevait la mission de terminer l'affaire (3).

Le mariage de Mlle Baluze, sa nièce, et le procès du Maine n'étaient pas les seuls incidents qui fixaient sur son pays natal les pensées et les soucis du savant Tulliste. Le chapitre, dont il faisait partie depuis le

(1) Lettre du 2 mai 1699.
(2) Lettre du 16 mai 1699.
(3) Lettre du 6 novembre 1700.

commencement de l'année 1689 (1), ayant quelque différend avec Mgr Humbert Ancelin, il prit en mains les intérêts des chanoines ses collègues et obtint l'homologation de leur transaction avec l'évêque (2). Il prêta aussi son concours au Corps de ville, qui avait des démêlés avec le même prélat (3).

V

M. Melon du Verdier rendait exactement compte à son oncle de tous les évènements qui survenaient à Tulle et pouvaient l'intéresser. En 1698, des réparations furent faites à la cathédrale. On détruisit les anciens tombeaux des vicomtes de Turenne, qui, situés sous le clocher, embarrassaient l'entrée de l'église. Baluze chargea son neveu d'examiner avec soin le tombeau, de rechercher s'il n'avait pas été ouvert et fouillé à une époque antérieure, de s'enquérir enfin de tous les objets qui y avaient été trouvés (4). Il décida le cardinal de Bouillon à perpétuer le souvenir de l'ancienne sépulture de ses ancêtres au moyen d'une plaque commémorative. Baluze se chargea de la rédaction de l'inscription. Dans la première semaine de mars 1699, le marbre étant gravé, il l'expédia à Limoges, où M. Villars, notaire, était chargé de le recevoir et l'envoyer à Tulle. Le transport de cette grande plaque de marbre préoccupait fort Baluze; il craignait un accident pendant la route. Aussi, dans ses lettres des 2, 9 et 16 mai, il dit qu'il attend avec impatience des nouvelles de l'inscription;

---

(1) Lettre du 19 février 1689.
(2) Lettre du 11 août 1696.
(3) Lettre du 28 juillet 1696.
(4) Lettre du 23 août 1698.

il recommande les plus grands soins pour la mettre en place. Elle fut scellée à l'un des piliers de gauche du clocher. Une plaque nouvelle a remplacé celle de 1698 et en reproduit textuellement la légende (1), qui est ainsi conçue :

SUB HOC FORNICE
CONDITA SUNT OLIM CORPORA VICECOMITUM
TURRENNENSIUM QUORUM MONUMENTIS VETUSTATE
FERME COLLAPSIS ET OB FACILIOREM ADITUM
AD ECCLESIAM ANNO MDCXCVIII DIRUTIS
SERENISSIMUS PRINCEPS EMMANUEL THEODOSIUS
CARDINALIS BULLIONIUS HUNC TITULUM AD
CONSERVANDAM MAJORUM SUORUM MEMORIAM
P. F.

Les questions d'histoire locale avaient pour lui un puissant attrait. Il réunissait les documents et les renseignements qu'il devait utiliser dans ses ouvrages. Au cours de ses recherches, il mettait attentivement de côté ce qui pouvait trouver place dans son *Histoire de Tulle*. Quelquefois, il faisait part à son neveu de ses découvertes. Il avait trouvé dans Blaise d'Auriol, glossateur des Décrétales, une étymologie de la Bitarelle, qui démontre que l'orthographe limousine de ce nom est vicieuse. On doit écrire l'Habitarelle. On donnait ce nom, dans le Midi, à des maisons, à des hameaux situés dans le voisinage des villes. Les Habitarelles étaient nombreuses aux environs de Toulouse (2).

Son *Histoire de Tulle*, qui parut en 1717, une année avant sa mort, était prête depuis longtemps. En 1686, il songeait déjà à la faire imprimer. Il

(1) Bonnelye, *Histoire de Tulle*, p. 201.
(2) Lettre du 14 mars 1693.

avait demandé à M. de Cosnac des renseignements sur les prélats de sa famille, et il se plaignait de ne pas recevoir de réponse. « C'est à Messieurs de Cosnac à se haster, écrivait-il, s'ils veulent me donner des mémoires pour les évesques de Tulle qui sont de leur nom. Car je prétends faire imprimer mon histoire cette année ; et quand elle sera imprimée, je ne la feray pas réimprimer pour leur faire plaisir (1). »

D'autres travaux absorbèrent tous ses moments. Il donna successivement sa *Lettre à Euzèbe Renaudot* sur la vie et la mort de Du Cange (1688), le *Marca Hispanica* (1688), les *Vies des Papes d'Avignon* (1693), sa Lettre relative à la descendance de la maison de Bouillon (1698) et enfin son *Histoire de la maison d'Auvergne* (1708). Ce dernier livre lui suscita les plus désagréables ennuis ; persécuté, banni de Paris pendant plusieurs années, il ne put songer à publier son *Histoire de Tulle*. Il ne perdit pas de vue cependant cet important ouvrage. Dans plusieurs de ses lettres à son neveu, il demande des renseignements généalogiques, des communications de titres de famille. Il s'étonne de ne pas rencontrer plus d'empressement de la part des personnes intéressées à voir leur nom figurer dans les annales tullistes. « Si j'avais copie des titres qui sont à Seillac, dit-il, je fairois dans l'histoire de Tulle une petite généalogie de cette maison, qui fairoit honeur à M. de Seillac. Ce sont ses affaires plus que les mienes (2) ». « C'est chose étonnante, écrit-il plus tard à son neveu, que MM. de la Selve soient si négligents à me fournir des preuves d'une chose qui leur feroit beaucoup d'honeur si elle était bien prouvée (3). »

Cette apathie de ses compatriotes ne le décourage

(1) Lettre du 23 mars 1686.
(2) Lettre du 28 janvier 1690.
(3) Lettre du 13 octobre 1696.

pas; il cherche de son côté les pièces utiles pour dresser les généalogies des principales familles du Limousin, et associe M. du Verdier à ses travaux. Il lui recommande de fouiller dans les cèdes de ses ancêtres et dans celles des notaires du pays : « Par ce moyen on pourroit trouver ce que ces Messieurs négligent de chercher chez eux (1). »

Son neveu lui avait fourni déjà des documents sur les de Fénis (2), et il avait reçu de l'abbaye de Saint-Florent une copie du testament du cardinal Guillaume de Chanac (3). Le cartulaire de l'abbaye de Tulle lui sert à rectifier des erreurs commises par Bertrand de Latour; M. du Verdier, sur sa demande, y prend copie des actes qui lui avaient échappé lorsqu'il l'avait étudié lui-même.

VI

Si la famille de Baluze avait reçu de lui d'importants services, elle savait lui témoigner son attachement et sa gratitude par d'attentives prévenances. Non-seulement son neveu du Verdier l'aidait dans ses recherches, lui procurait des manuscrits et des livres pour sa bibliothèque, mais encore il ne négligeait jamais l'occasion de lui envoyer les produits du Limousin qui pouvaient lui plaire. Les transports ne coûtaient pas très chers pour l'époque; le voiturier se chargeait des colis de Limoges pour Paris moyennant 7 livres 10 sols par quintal (4). Le voiturier de Brive faisait le voyage plus rapidement et sans doute

---

(1) Lettre du 13 octobre 1696.

(2) Lettre du 16 septembre 1690.

(3) Lettre du 28 janvier 1690.

(4) Lettre du 22 novembre 1692.

au même prix. M. du Verdier en profitait souvent pour envoyer à son oncle des balles de châtaignes et des paniers de truffes. Les châtaignes arrivaient quelquefois en mauvais état, fermentées par suite de l'action des pluies et de la chaleur; on était obligé de les jeter sans en trouver une seule de bonne (1). Les truffes s'avariaient aussi pendant les dix jours de route et surtout à l'arrière-saison, et, à maintes reprises, Baluze ne put les utiliser. Il avait recommandé à son neveu de les emballer soigneusement dans un panier recouvert d'une toile (2). Lorsqu'elles étaient bien conservées, il les distribuait à ses amis; la famille Villault, l'abbé de Louvois en recevaient leur part (3). Baluze n'y tenait pas beaucoup. « Il n'est pas même fort nécessaire de m'en envoyer, écrivait-il à du Verdier; je m'en passe très bien. J'ayme mieux des châtaignes que cela (4). » Il ne dédaignait ni les pois ni les excellentes confitures que sa filleule lui faisait parvenir (5).

Les dames Villault recevaient directement de Tulle des petits pois, du fromage, du gruau (6). Du Verdier procura même à M. Villault une chienne. Il fut chargé de commander une paire de sabots pour Mme Roussel; celle-ci les ayant trouvés un peu trop échancrés, « on a bien de la peine à contenter les femmes, » dit Baluze (7).

Vers la fin du XVIIe siècle, des ateliers de dentelle furent établis à Tulle. Les jeunes filles de la bourgeoisie trouvaient dans la confection de ces tissus

(1) Lettre du 27 octobre 1696.
(2) Lettre du 20 décembre 1692.
(3) Lettres des 27 décembre 1692 et 7 février 1693.
(4) Lettre du 27 novembre 1694.
(5) Lettre du 24 janvier 1693.
(6) Lettres des 7 février 1693 et 5 mars 1695.
(7) Lettre du 24 janvier 1693.

légers une occupation à la fois agréable et lucrative. Mais la nouvelle industrie ne pouvait prospérer qu'à la condition d'écouler ses produits à Paris ; elle n'avait pas à compter sur le petit commerce local. Baluze contribua beaucoup à son succès (1). Les dames qui se réunissaient chez lui s'engouèrent du point de Tulle ; les personnages qu'il recevait à sa table ne voulurent que des poignets et des cravates en dentelle limousine. Du Verdier, connu de tous les habitués de la maison, servait naturellement d'intermédiaire. Son oncle lui transmettait les commandes ; il était chargé de donner aux ouvrières les dessins, et lorsqu'on désirait un tissu d'une finesse exceptionnelle, on lui envoyait de Paris des fils de choix plus ténus et plus solides que les fils du Limousin. Le Point de Tulle servait à confectionner des garnitures de corsages et de jupes ; on en faisait aussi des bonnets et des cornettes. Mmes Villault, Mlle Angélique de Levrye l'employaient sous ces différentes formes. « Je vous escrivis samedy dernier pour vous prier de m'envoyer encore une garniture, écrivait Baluze à du Verdier. Mesdemoiselles Villault me dirent hyer qu'elles vous prieroient de leur en envoyer aussy encore une (2) ». — « Je vous ay déjà escrit, monsieur, que j'avais receu la coeffure que vous m'avez envoyée par le postillon de M. de Tulle..... Mademoiselle Angélique avoit résolu de vous escrire aujourd'huy au sujet de la coeffure. »

La dentelle avec ses broderies à l'aiguille était une œuvre de patience, qui exigeait beaucoup d'application et beaucoup de temps. Aussi c'était à qui ferait le plus tôt sa commande ; on prenait rang ; chacun était servi à son tour. Etienne Baluze écrivait à son neveu, le 28 février 1699 : « Mademoiselle

(1) Voir notre notice sur le *Point de Tulle*, p. 11 et suivantes.

(2) Lettre du 25 août 1696.

Villault vous prie de lui envoyer le plus tost que vous pourrez deux fonds de cornette, comme vous verrez par le billet qu'elle m'a escrit pour ce suject. Mais vostre commère, qui vous baise les mains, prétend qu'estant la première en date, elle doit estre servie la première (1). »

Aux envois qu'il recevait de Tulle, Baluze répondait par de fréquents cadeaux. Nous avons dit qu'il avait donné à son jeune filleul un cerf-volant et de la nonpareille de Verdun; plus tard, il lui achète les *Contes des Fées*. A Mme du Verdier il fait présent d'un vêtement en grisette (2); il se chargeait de faire confectionner les vêtements de Mimy (3); son neveu recevait un exemplaire de ses ouvrages; son frère n'était pas oublié : le *Cuisinier* et le *Jardinier françois* lui étaient destinés. Ses parents le priaient quelquefois de prendre les conseils des médecins de Paris. « J'ai envoyé, dit-il, la bouteille de M. l'abbé Aignan à M. l'abbé Guibert, bien cachetée. Il s'est chargé de vous l'envoyer par l'ordinaire qui doit partir demain. Je prendray soin de consulter encore cette maladie. Je vous envoye le mémoire que M. l'abbé Aignan m'a envoyé pour l'usage de son eau. » En même temps, il remet au messager d'Aurillac « cinq paires de gants d'homme, six livres de poudre, deux onces d'huile d'odeur, deux savonettes, deux onces de savon, les livres de Mimy. J'y ay joint, ajoute-t-il, pour remplir la caisse, deux volumes de l'*Histoire des ducs de Bourgogne*, un volume in-8 de la *Religion des Turcs*... etc. etc. (4). »

(1) Lettre du 28 février 1699.

(2) Lettre du 23 mai 1693.

(3) Lettre du 23 mai 1699.

(4) Lettre du 3 janvier 1699.

VII

Les nouvelles des évènements du jour constituent une des parties les plus intéressantes de la correspondance que nous publions. La *Gazette* était peu répandue, comptait en province un très petit nombre de lecteurs. On apprenait les faits importants par les lettres et les voyageurs venus de Paris. Baluze était bien placé pour être exactement renseigné. Par ses relations avec les grands personnages et les familiers de la cour, il était au courant des moindres intrigues. L'époque, d'ailleurs, était fertile en évènements.

La ligue d'Augsbourg venait d'unir, contre la France, l'Allemagne, la Hollande et la Suède; le roi d'Espagne, le duc de Savoie, le pape avaient déjà adhéré à la coalition, lorsque Louis XIV jetait ses troupes dans l'électorat de Cologne (août 1688) et déclarait la guerre à la Hollande et à l'Empire (janvier 1689).

De l'autre côté de la Manche, une révolution avait chassé du trône Jacques II; le plus grand ennemi de la France, Guillaume d'Orange, proclamé roi d'Angleterre, déclarait la guerre au Grand Roi. Louis XIV, de son côté, envoyait des troupes en Irlande pour soutenir la cause du monarque déchu.

Une crise générale secouait l'Europe. Les Impériaux envahissaient la Servie et la Bulgarie. Les Vénitiens bombardaient les villes de la Grèce; la Pologne était aux prises avec la Podolie; les Russes et les Tartares guerroyaient en Crimée.

Au milieu de tous ces conflits, d'importantes nouvelles arrivaient d'Italie. La pape Innocent XI, qui s'était déclaré adversaire acharné de la France, mourait le 12 août 1689. Les diplomates français préparaient l'élection de son successeur, le cardinal Ottoboni, qui prit le nom d'Alexandre VIII.

Les deux lettres, du 30 juillet et du 6 août 1689, relatives à ces incidents de la politique et à ces faits de guerre sont conçues à la manière des journaux, sans signature, sans formule de salutation, avec cette seule suscription : « Pour M. du Verdier. »

D'autres nouvelles se rencontrent éparses dans les lettres suivantes. Elles ne sont pas toutes exactes; Balüze se faisait l'écho des bruits qu'il entendait. C'est ainsi que, le 28 février 1693, il annonce le décès de La Fontaine, qui devait vivre jusqu'au 13 avril 1695. Dans la même lettre, il fait part à son neveu d'une aventure qui eut un grand retentissement à la cour : l'arrestation du fameux conseiller de Grammont (1).

De tout temps, les sciences occultes ont passionné certains esprits; sous le règne de Louis XIV, la baguette divinatoire fit de nombreux et ardents prosélytes. Un paysan du Dauphiné, Jacques Aymar, qui savait, disait-il, découvrir, à l'aide de sa verge de coudrier, les voleurs, les assassins, les trésors enfouis et les sources souterraines, arriva à Paris, précédé d'une réputation sans égale. Sa baguette, mise à l'épreuve, subit une série d'échecs; le sorcier n'en conservait pas moins son prestige aux yeux de ses admirateurs fanatiques. Etienne Baluze suivit de près les expériences, en compagnie du savant abbé Galloys, qui n'eut pas de peine à dévoiler les supercheries de Jacques Aymar. « Il se fait bien des tours de passe passe en ces occasions, écrivait-il à M. du Verdier, quand il n'y a pas des gens faits comme M. l'abbé Galloys (2). »

(1) Lettre du 28 février 1693.

(2) Lettres des 7, 21 et 28 mars 1693. — Voir notre article sur *Jacques Aymar le sorcier*, dans le *Feu-Follet* de juin 1882.

Les Limousins qui habitaient Paris avaient tout intérêt à entretenir de bonnes relations avec Baluze. Il ne leur refusait jamais son utile protection, ne ménageait ni son temps ni ses démarches pour leur procurer un emploi. Du Verdier était mis au courant des heureuses fortunes qui leur arrivaient. Son oncle lui apprit, le 27 décembre 1692, que le comte d'Avaux, ambassadeur à Stockolm, s'était attaché, comme homme de confiance, M. Fage, et, comme secrétaire, M. Bonnet de Chassenitte. M. Jean Fage avait épousé Catherine Baluze, cousine germaine de l'historien; la haute situation que son beau-frère, Antoine Baluze, avait occupée à la cour de Pologne, avait contribué à le mettre en relief. Le comte d'Avaux ne pouvait trouver un aide plus dévoué : « Il n'y sera pas trompé, » écrivait Etienne Baluze à son neveu.

M. Bonnet de la Chassenitte était, lui aussi, un Limousin, né à Ussel, auteur d'un ouvrage intitulé : *Discours d'éloquence sur divers sujets*. Baluze avait l'air de ne connaître ni l'auteur dont il défigure le nom, ni l'ouvrage dont l'impression, commencée en 1692, fut interrompue par le départ de M. de la Chassenitte pour la Suède, et terminée seulement en 1695. Il ne s'était, du reste, pas mêlé de sa nomination; c'est à la sollicitation de Madame que le comte d'Avaux se l'était attaché comme secrétaire (1).

Des nouvelles de décès de personnages célèbres reviennent assez souvent dans la correspondance de Baluze. Nous relevons d'abord la mort et le magnifique enterrement de l'acteur Scaramouche (2); le décès de La Bruyère (3); celui du fameux musicien

(1) Lettre du 27 décembre 1692.

(2) Lettre du 11 décembre 1694.

(3) Lettre du 19 mai 1696.

Lambert, beau-père de Lully (1); enfin, les funérailles de M. de Croissy, secrétaire d'Etat. Charles Colbert, marquis de Croissy, était frère du grand Colbert et avait continué ses faveurs au savant Baluze. Une lettre tout entière lui est consacrée (2). Le fils de M. de Croissy, Jean-Baptiste Colbert marquis de Torcy, fut très bien traité par le roi, nommé secrétaire d'Etat comme son père. Son jeune âge ne lui permettant pas tout d'abord d'entrer au conseil, M. de Pomponne y rapportait en son nom les affaires. Un lien étroit unissait M. de Pomponne au marquis de Torcy. En effet, quelques jours après le décès de son père, M. de Torcy avait épousé Mlle Félicité de Pomponne, fille du ministre (3).

Nous pourrions relever encore, dans les lettres de Baluze à du Verdier, la mention d'autres évènements. Les curieux et les érudits se chargeront de ce soin et ne manqueront pas de rechercher et de noter dans cette correspondance familière les faits, les histoires, les détails et les soucis intimes qui s'y rencontrent, marqués à leur date d'une réflexion judicieuse, d'un simple trait où perce, sous un jour inattendu, l'esprit de notre Baluze.

Cette savante figure, qui nous est parvenue si austère et que nous n'avions guère entrevue qu'à travers les labeurs, la renommée et les disgrâces d'une vie consacrée à l'étude et au culte des plus brillantes amitiés, méritait, ce nous semble, d'être vue dans le milieu moins grave que ses lettres nous révèlent, dans l'intimité du foyer domestique et de la société choisie qui formait son entourage. L'auteur des *Papes d'Avignon*, de la *Maison d'Auvergne* et

---

(1) Lettre du 30 juin 1696.

(2) Lettre du 4 août 1696.

(3) Lettre du 16 août 1696.

de l'*Histoire de Tulle,* dont l'œuvre immense commandera à jamais l'admiration et le respect des érudits de tous les pays, n'a rien à perdre à être envisagé sous cet aspect; c'est avec un intérêt véritable, je dirai volontiers touchant, qu'on découvre en lui un cœur simple et bon, attentif aux plus menus soins de la vie de famille, hospitalier et généreux, un esprit facile et doux, ami des gais propos, enclin à la plaisanterie et au badinage. Il y a là, dans cet ordre de sentiments, toute une source cachée qui jaillira un jour, nous l'espérons du moins, des bibliothèques où elle est enfermée, et nous montrera Baluze, dans ses relations privées, aussi bienveillant et agréable qu'il fut grand par le savoir et les lumières. Nous nous estimerons heureux si les lettres à du Verdier contribuent à appeler l'attention sur cette partie, si peu connue, de la vie de notre célèbre compatriote et ouvrent la voie à d'autres publications du même genre.

- Etienne Baluze à Marguerite de Tramond.
  - Calmine à Catherine de Maynard.
    - Catherine à Jean Fage.
      - François.
      - Jean-Baptiste.
      - Antoine à Catherine Dupuis.
        - Antoine à Jeanne Fénis.
    - Peyronne à Forest de Mesmaury.
    - Antoine à Cécile de Viel.
      - Jean-Cazimir.
    - Jean-Calmine.
    - Etienne à Peyronne de Corbiers.
      - Pierre Baluze du Maine à Marguerite de Lamorre.
        - Jean à Marie-Françoise de Brivasac
    - François.
  - Jean-Charles à Catherine de Teyssier.
    - Jean à Juliette de Baluze.
      - Perrine à Melon du Verdier.
        - Etienne du Verdier.
      - Louise.
    - ETIENNE
    - *fille.*
    - *fille.*

LETTRES INÉDITES DE BALUZE

A M. MELON DU VERDIER

I

A Paris le 10 octobre 1682.

Si tous les neveux d'alliance estoient aussy honestes gens que vous, Monsieur, je voudrois en avoir une centaine. Cella ne contribueroit pas peu à me faire passer la vie doucement. Mais puisque cella ne se peut, il faut me contenter de ce que Dieu m'a donné, et l'en remercier. Il faut aussy que je vous remercie du soin que vous avez pris de m'escrire deux letres très obligeantes et fort tendres. Vous trouverez toujours en moy, mon cher neveu, un retour d'amitié et de tendresse invariable. Je vous supplie d'en estre pleinement persuadé, et de vouloir recevoir pour caution de ma parole ma fillole vostre cousine (1), qui ne me refusera pas un cautionnement de cette nature. Je vous souhaite à tous deux des jours heureux, *et ut pulchra faciat te prole parentem.* Je suis de tout mon cœur vostre très humble et très obéissant serviteur et oncle.

E. BALUZE.

---

(1) Mlle Perrine Baluze, nièce et filleule d'Etienne Baluze, était promise en mariage à son cousin M. Charles-Antoine Melon du Verdier, avocat à Tulle. Les fiançailles avaient été célébrées le 27 septembre 1682, en présence de MM. Jean Baluze, médecin, et Etienne Baluze, prieur de Beauvais, auteur des lettres que nous publions.

II

A Paris le 12 décembre 1682.

J'ay receu les letres que ma fillole et vous m'avez escrites, Monsieur, dans lesquelles j'ay veu les marques de vostre amitié pour moy telles que je les pouvois souhaiter. Je vous prie tous deux de vouloir me les conserver toujours, et de faire estat que j'en useray de mesme envers vous.

Je vous envoye les livres contenus au mémoire cy-joint, lesquels je vous prie de garder pour l'amour de moy. Ce sont de bons livres, et où vous pouvez aprendre de belles et bonnes choses pour vostre mestier, principalement dans le livre *De Concordia* (1), dans les *Capitulaires* (2), dans les *Epistres du Pape Innocent* (3) et dans *Antoninus Augustinus* (4).

Je n'escris pas à ma fillole, estimant que celle cy suffira pour vous deux. Je luy baise pourtant les mains, et suis à tous deux vostre très humble et très obéissant serviteur.

É. Baluze.

Je vous prie de rendre la letre cy jointe à Mademoiselle vostre mère, et de présenter mes respects à Monsieur vostre père.

---

(1) « Illustrissimi Petri de Marca archiepiscopi parisiensis Dissertationum de Concordia Sacerdotii et Imperii seu de Libertatibus Ecclesiæ Gallicanæ, libri octo : Quorum quatuor ultimi nunc primùm eduntur operâ et studio Stephani Baluzii Tutelensis. » — Parisiis, apud Franciscum Muguet, etc. 1663, in-f°.

(2) « Capitularia Regum Francorum. Additæ sunt Marculfi monachi et aliorum formulæ veteres, et notæ doctissimorum virorum. Stephanus Baluzius Tutelensis in unum collegit, ad vetustissimos codices manuscriptos emendavit, magnam partem nunc primùm edidit, notis illustravit. » — Parisiis, excudebat Fr. Muguet, etc. 1677, 2 vol. in-f°.

(3) « Epistolarum Innocentii III Romani pontificis libri undecim. Accedunt gesta ejusdem Innocentii, et prima collectio Decretalium composita a Rainerio Diacono et monacho Pomposiano. Stephanus Baluzius Tutelensis in unum collegit, magnam partem nunc primùm edidit, reliqua emendavit. » — Parisiis, apud Fr. Muguet, etc. 1682, 2 vol. in-f°.

(4) « Antonii Augustini archiepiscopi Tarraconensis dialogorum libri duo de emendatione Gratiani. Stephanus Baluzius Tutelensis emendavit, notis illustravit, et novas emendationes adjecit ad Gratianum. » — Parisiis, excudebat Fr. Muguetus, etc. 1672, in-8°.

III

A Paris le 31 décembre 1682.

Vous me donnez tant de sujets de contentement et de satisfaction, Monsieur et neveu, qu'il faudroit que je fusse d'une bien mauvaise humeur si je n'estois bien satisfait de nostre alliance. Aussy vous asseurerais-je que je le suis entièrement, et que si la chose estoit à faire, je la ferois avec la mesme ardeur que je fis paroitre lorsque nous y travaillames à Tulle. J'espère que j'aurais de plus en plus lieu d'en estre content et que vous aurez aussy suject d'estre satisfait de ma conduite. Je me promets encore de vostre bon naturel et de celluy de vostre cousine que vous vous gouvernerez si bien l'un l'autre qu'il ne faudra pas de médiateur pour mettre la paix entre vous. Je vous la recommande néantmoins, comme une personne que j'ayme bien. Et je luy recommande à elle qu'elle vous ayme et honore bien, et qu'elle ayme aussy et honore parfaitement Monsieur et Mademoiselle de Melon, comme elle y est obligée. Je suis à l'un et à l'autre vostre très humble et très obéissant serviteur et oncle.

E. Baluze.

IV

A Paris le 30 janvier 1683.

Vous verrez, Monsieur, par les papiers cy joints le soin que j'ay pris pour finir vostre affaire. Vous rendrez, s'il vous plaît, le tout à Monseigneur l'Evesque ; et j'espère qu'il se laissera enfin fleschir. Car vous avez fait une assez longue abstinence, et il ne doit pas en demander davantage (1).

Je suis bien obligé à Monsieur vostre père de son bon sou-

(1) Mgr Humbert Ancelin, évêque de Tulle, se refusait à donner à M. du Verdier et à Mlle Baluze les dispenses qui, en raison de leur lien de parenté, étaient nécessaires pour leur mariage.

venir, et de ce qu'il a beu à ma santé. Je vous prie de luy dire que je prendray soin de son affaire, et que j'espère bien que quelque jour il me donnera de son vin pour boire à sa santé. Ce qui ne sera pas sans faire quelque petite mention du feu P. Obit de bonne et heureuse mémoire.

Mes respects à Mademoiselle vostre mère, et à ma fillole. Il n'est pas nécessaire que je luy escrive lorsque je vous escris. Car quoyque vous soyez séparés à thoro (1), vous ne l'estes pas d'affection. Je suis de tout mon cœur vostre très humble et très obéissant serviteur.

E. Baluze.

Je vous envoye l'avis de M. Noüet celebre advocat (2), escrit et signé de sa main. Je l'ay pris, parceque je sçai que Monseigneur de Tulle a de l'estime pour luy.

Je vous envoye aussy une letre de M. le Maire (3), qui luy escrit son avis, parceque Monseigneur de Tulle l'a désiré ainsy. Il l'a cachetée, par ce qu'il y a quelque autre chose qui ne vous regarde pas. Mais il me l'a faite voir auparavant de la cacheter. Elle est bien.

---

(1) Séparés de lit; le mariage ne put avoir lieu que dans les derniers mois de 1683.

(2) Quoique le nom de Noüet n'ait été conservé par aucun biographe, cet avocat occupait une place importante dans le barreau de la fin du xviie siècle. Nous avons trouvé, dans les Archives de la Haute-Vienne, l'indication d'un procès intéressant l'évêque de Limoges et M. Darche, dans lequel Noüet fut appelé à donner son avis. « Il passe pour le plus fort advocat de Paris dans la playdoyrie », écrivait un correspondant de l'évêque à l'official de Limoges. (lettre du 15 avril 1679). Noüet n'ayant pas voulu se charger de plaider l'affaire, on la confia à un de ses confrères, Me Porlier, « qui après bien des difficultés, n'en a pas si mauvaise opinion que M. Noüet et a entrepris de la deffendre. Je luy ay deja donné, écrivait le correspondant de Mgr de Limoges, deux escuts pour aller en communiquer hier au parquet..... M Robelin m'a dict qu'il luy faudroit donner un louis d'or pour la playdoyrie, et m'asseurat que Me Noüet ne l'auroit pas playdée à moins de quatre pistoles. » (Lettre du 22 avril 1679. — *Archives de la Haute-Vienne*).

(3) Une des filles de Muguet, le célèbre imprimeur des œuvres de Baluze, avait épousé M. Le Maire, banquier expéditionnaire en cour de Rome. Baluze entretenait les relations les plus étroites avec les familles Muguet et Le Maire. La lettre, qu'il envoie à l'évêque de Tulle, n'est-elle pas du gendre de Muguet?

V

A Paris le 11e décembre 1683.

Il faut, Monsieur, laisser dire tout ce qu'on voudra dire. Il est vray qu'il y a eu des retardements dans vostre affaire (1). Mais ça esté pour le mieux. Nous avions à essuyer le controolle de la quittance de la charge, et puis de celle de vos dispenses. Cella auroit esté fait promptement, si feu Monseigneur ne fut pas mort si tost (2). Mais ce qui estoit plus considérable, c'est qu'on vouloit vous faire payer double droit de marc d'or. Ce qui entrainoit aussy double enregistrement et double seau. Outre cella, la quittance des partyes casuelles n'expliquoit pas assez bien vostre charge. Et quoy qu'elle eut relation à l'arrest que feu Monseigneur m'accorda et à l'Edit de création, néantmoins cella auroit peu former souvent des difficultés au pays où vous estes. Pour cet effect il a fallu obtenir l'arrest dont je vous envoye copie. Cet arrest vaut pour le moins cent pistoles pour vostre charge: 1° En ce qu'il regle vos droits contre vostre collegue; 2° en ce qu'il ordonne que vous ne payerez qu'un droit de marc d'or, un simple enregistrement, et un seul seau. Ce qui est de grande conséquence. Car si Dieu vous donnoit quelque jour un fils, et que vous voulussiez luy donner vostre charge, il vous cousteroit près de 500 livres de plus pour les provisions, quand bien les droits du marc d'or et du seau n'augmenteroient pas entre cy et ce temps-là.

J'ay obligation à M. Desmarests (3), qui a bien voulu se charger de faire le rapport de cette affaire au Conseil et me faciliter l'obtention de l'arrest. Au reste quand vous serez pourveu, il ne faut pas vous faire appeller Conseiller, quoyque vous le soyez, mais Assesseur, et Premier Assesseur, si vous pouvez

(1) Grâce à l'influence de Colbert, Baluze venait d'obtenir pour son neveu la charge de premier assesseur en la maréchaussée et conseiller au présidial de Tulle.

(2) Colbert était décédé depuis le 6 septembre 1683.

(3) Nicolas Desmarets, neveu de Colbert, maître des requêtes, intendant des finances en 1683.

en venir à bout. En tout cas, dans les actes que vous passerez, il faudra toujours mettre *Conseiller du Roy premier Assesseur en la mareschaussée et Conseiller au siège Présidial de Tulle*. Cella est de conséquence pour vous conserver dans les droits de Premier Assesseur.

Si nous avions peu deviner, nous aurions espargné 464 livres pour vostre dispense d'aage. Car on a publié cette semaine un Edit par lequel S. M. regle l'aage des conseillers aux Présidiaux à vingt-cinq ans. Mais aussy vous auriez peut estre eu de la peine à remplir les autres conditions. Je fais travailler à vos provisions, et tascheray de les faire adresser à Tulle, si je peux l'obtenir. A quoy néantmoins je prevois que j'auray bien de la peine.

Je dis ces jours passés à M. Sandrier que je l'irois voir pour terminer l'affaire de M. vostre père. Il faut, s'il vous plait, m'escrire promptement vos intentions, et pour quelle somme en ont esté quittes ceux qui ont payé.

Mes baisemains à ma fillole et à toute vostre chère famille.

E. BALUZE.

Vous estes mal informé touchant M. Du Molinet (1). Car il est présentement à Paris, et n'a pas pensé à aller à Limoges.

VI

A Paris le 11e mars 1684.

Je suis bien ayse, Monsieur, que les partyes de mon frère ont pris le party de sortir d'affaires avec luy par un accommodement. C'est ce qu'elles pouvoient faire de plus avantageux ; et je seray sans doute bien ayse que mon frère y gagne le repos de la vie, qui a esté bien traversée par les chicanes tres violentes de ses partyes. Je l'exhorteray de perdre une

(1) Numismate et archéologue, né à Châlons-sur-Marne, en 1620 mort à Paris le 2 septembre 1687 ; il était bibliothécaire de Sainte-Geneviève.

partye de son deü, pourveu qu'on luy asseure bien le reste, et qu'il n'y puisse pas avoir de retour. Car s'il faut encore playder, il vaut mieux le faire pendant qu'on est en train.

Vous aurez sans doute receu vos provisions, qui vous furent envoyées il y a aujourdhuy quinze jours; et j'ose me persuader que vous estes content de moy. Il faudra m'envoyer une copie de vostre acte de réception en bonne et deuë forme.

Je vous baise les mains et suis, Monsieur, vostre tres humble et très obéissant serviteur.

E. BALUZE.

Je n'escris pas à mon frère, parceque je le crois à la Réole.

VII

A Paris le 10 juin 1684.

J'ay receu la copie de l'arrest que vous m'avez envoyé, et je verray ce qu'il y a à faire pour ce suject. Je vous prie de croire que je n'y perdray point de temps.

M. des Donnereaux (1) m'a mis en main un paquet de cheveux de vostre part, et ne m'a pas dit ce que vous voulez que j'en fasse. Vous ne m'en avez pas non plus escrit. Faites-moy, s'il vous plait, sçavoir vostre volonté.

J'ay eu bien de la joye d'aprendre que toute la famille se porte bien. Mais je n'ay pas esté content d'aprendre que ma fillole (2) a de temps à temps de petites incommodités et qu'elle ne veut pas y prévoir. Je vous prie, Monsieur, de le luy dire de ma part.

Je suis toujours très véritablement vostre très humble et très obéissant serviteur.

E. BALUZE.

Je n'ay aucunes nouvelles de mon frère il y a longtemps.

---

(1) M. des Donnereaux appartenait à une famille d'origine limousine.

(2) Dans presque toutes ses lettres Etienne Baluze emploie cette expression pour désigner Mme Du Verdier, sa nièce et filleule.

VIII

A Paris le 1 juillet 1684.

Je ne vous ay pas escrit plustot sur vos affaires, parce que je voulois auparavant en parler à Monseigneur l'Archevesque de Reims (1). Il m'a dit qu'il falloit presenter une requeste au Conseil, où elle n'auroit pas de difficulté. Mais l'advocat que j'ay consulté n'est pas d'avis que vous la présentiez que vous n'ayez [moyen de] justifier que vous estes inquiété à l'occasion de vostre reception faite à Tulle. Mandez moy, s'il vous plait, Monsieur, si l'arrest du Conseil et la sentence des officiers de la table de marbre ont esté publiés juridiquement à Tulle, ou si on vous les a signifiez et enfin si on vous trouble en quelque chose. Et au cas qu'il y ait quelque chose de semblable, prenez la peine de me l'envoyer. Et au cas qu'il n'y ait rien, il faudroit tascher sans affectation et sans grand esclat de faire naistre quelque contestation qui regardat l'exécution dudit arrest, afin d'avoir une occasion de présenter vostre requeste. Surtout ayez grand soin de ne publier rien de ce que je vous escris, n'y ayant rien qui gaste tant les affaires que le peu de secret. Vous voyez ce qui a réussy de n'avoir pas tenuë secrete la grace que Monseigneur le Chancellier (2) vous fit à ma très humble supplication.

Je vous baise les mains et à ma fillole.

E. Baluze.

IX

A Paris le 29 décembre 1685.

J'aurois bien souhaité que le pourparler d'accommodement eut peü réussir, afin de faire avoir contentement à M. le Curé.

---

(1) Charles-Maurice Le Tellier, fils du chancelier Michel Le Tellier et frère de Louvois. Après la mort de Pierre de Marca. Michel Le Tellier avait eu le projet d'attacher Baluze à l'abbé Le Tellier son fils, depuis archevêque de Reims ; Baluze préféra prendre la direction de la Bibliothèque de Colbert.

(2) Michel Le Tellier.

Puisque cella ne se peut, il faudra s'en consoler et faire juger l'affaire au plustost. Car j'en veux sortir à perdre ou gagner, la chose m'estant désormais quasi indifférente. Car le pis qui me puisse arriver est de perdre mon proces, et je seray asseuré par l'arrest qui interviendra que le premier bénéfice vacant sera à moy incontestablement. Que si au contraire je gagne, je gagneray véritablement le proces, mais je n'en seray guere plus riche. Voila l'estat de l'affaire.

M. Barrat me mande qu'il sera icy dans les premiers jours de l'année prochaine, et me prie de garder cependant le paquet de Madame du Buy.

Je suis toujours, Monsieur, vostre très humble et très obeissant serviteur.

E. Baluze.

X

A Paris le 19 janvier 1686.

Si M. Maillard (1) avoit bonne envie de s'accommoder avec moy, il prendroit quelque soin de me voir à Paris, où je suis présentement aussy bien que luy. J'ay plus d'envie que luy de voir la fin de cette affaire. Mais j'apprehende bien que nous en avons encore pour quelque temps. Dieu soit beny du tout.

Je vous asseure, Monsieur, que la semaine prochaine ne se passera pas sans que je voye M. Adam pour concerter avec luy les termes de vostre requeste.

M. Barrat me fit ces jours passés l'honeur de me venir voir. Il me parla de l'affaire de la Trésorerie; et je luy dis de voir M. Maillard pour tascher de faire reussir l'affaire en faveur de M. le Curé. Je n'en ay pas eu de nouvelles depuis.

Mes baisemains à ma fillole, s'il vous plait; et me croyez toujours, Monsieur, vostre très humble et très obeissant serviteur.

E. Baluze.

---

(1) M. Maillard était d'une famille du Limousin.

XI

A Paris le 23 mars 1686.

Je vous remercie, Monsieur, des soins que vous continuez de prendre pour satisfaire ma curiosité, et vous prie de ne vous lasser pas. Je ne sçay si M. le Théologal de Saint-Germain de Masseré se souvient de la copie du testament de leur fondateur, que je lui ay faite demander par mon frère.

Il est bien fascheux que les manuscrits dont vous m'avez envoyé les noms soient imparfaits. Je les prendray néantmoins sur le pied que je vous ay mandé, et bailleray de l'argent ou d'autres livres. Car quoy qu'il n'y aye rien qui ne soit imprimé, j'aschette generalement toute sorte de manuscrits quand ils sont à bon marché.

Je n'ay pas besoin des deux volumes de S. Bonaventure sur les *Sentences*. Ils ne valent pas le port.

Idem des œuvres de Binet (1), si ce n'est pour en faire mention dans mon histoire, puisqu'il estoit de Tulle. Voilà la seule raison pour laquelle je peux désirer de les voir.

Mais à l'esgard du livre *De Jure summarum potestatum circa sacra* (2), dont un particulier pretend avoir un original, et que l'impression est mutilée, c'est une pure illusion. M. Grotius, qui en est l'auteur, l'a fait imprimer luy mesme à Paris en toute liberté; et ainsy il ne se peut pas faire qu'on y ait retranché quelque chose.

Je n'ay pas besoin non plus du livre de Petrus de Natalibus Episcopus Æquilinus (3). Il n'y a rien de si commun ny a si bon marché. J'en ay un in quarto bien conditionné, qui ne m'a cousté que cinq sols.

Si on veut se distraire des six manuscrits cy-dessus, vous

(1) Nous n'avons pu recueillir aucun renseignement sur cet auteur limousin.

(2) Le véritable titre de l'ouvrage de Grotius est : *De imperio summarum potestatum circa sacra commentarius*, Paris, 1647, in-12.

(3) Ce livre est intitulé : *Catalogus sanctorum et gestorum eorum ex diversis voluminibus collectus*.

pouvez me les envoyer par le messager; et j'envoyeray en eschange les livres qu'on me demandera à concurrence de ce que les livres valent.

C'est à Messieurs de Cosnac à se haster s'ils veulent me donner des mémoires pour les Evesques de Tulle qui sont de leur nom (1). Car je prétends faire imprimer mon histoire cette année (2); et quand elle sera imprimée, je ne la feray pas réimprimer pour leur faire plaisir.

Mes baisemains, s'il vous plait, à votre mère et à toute la famille, et à ma fillole.

Je suis toujours, Monsieur, votre très humble et très obéissant serviteur.

E. Baluze.

XII

A Paris le 10 janvier 1688.

Je vous remercie, Monsieur, de la peine que vous avez prise de m'escrire pour me souhaiter un bon commencement d'année et de plusieurs autres. Je vous supplie d'estre persuadé que je fais les mesmes souhaits pour vous de bon cœur, et que vous me trouverez toujours tel en vostre endroit que vous m'avez trouvé jusques à présent.

M. le Prieur de Grandsagnes m'a escrit, mais je ne comprends rien en sa letre tant il y a d'ambiguité. Mon intention n'est pas de rentrer dans mon bénéfice, s'il ne tient les paroles qu'il m'a données. Mais comme je ne vois pas que les effects s'y accordent, il faudra bien m'y résoudre s'il m'y oblige. Il m'avoit promis qu'il se chargeroit du payement des arrerages que me sont deus, que M. son père a dit à mon frère se monter à 1,200 livres ou environ. Outre cella il doit me rembourser 200 livres que j'ay donné pour retirer les titres de feu M. Levet

(1) Bertrand et Pierre de Cosnac, évêques de Tulle. L'*Histoire de Tulle* de Baluze contient peu de renseignements sur ces prélats. (*Hist. Tutel.*, p. 207 et s.)

(2) L'*Histoire de Tulle* de Baluze n'a été imprimée qu'en 1717.

et les frais pour le huitiesme denier. Il m'est deu quelques années de ma pension. Et pour tout cella et pour l'extinction de la pension si j'y veux consentir, il m'offre cent pistoles. Je vous laisse à penser, Monsieur, si cette proposition est faisable. Je vous prie de luy parler de tout cella, afin que je puisse prendre une résolution finale.

Cependant je suis toujours, Monsieur, votre très humble et très obéissant serviteur.

E. Baluze.

Ne laissez pas sortir cette lettre de vos mains.

XIII

A Paris le 14 aoust 1688.

J'ay reçu, Monsieur, le billet que vous m'avez escrit touchant les commissaires des Grands Jours. Je ne prévois pas qu'il y aye lieu de constituer des subdélégués. Toutesfois je m'en informeray. Je connois un peu M. de Marillac (1). Mais j'ay plus d'accès auprès de M. Bignon (2). Je tascheray de le voir avant son despart, ne fut ce que pour avoir plus de facilité à luy escrire, s'il est besoin, lorsqu'il sera à Limoges. Je connois aussy M. de la Briffe (3). Mais je n'ay pas une

---

(1) Conseiller d'Etat. Son fils, colonel d'infanterie, épousa la sœur de M. de Beauvilliers. Marillac était auparavant intendant à Poitiers. Il appartenait à cette famille de Marillac qui avait produit le garde des sceaux et le maréchal.

(2) Conseiller d'Etat. Il avait épousé la sœur de Pontchartrain. Son frère était premier président du grand conseil; ils moururent tous les deux en 1697. Le premier président avait pour gendre Vertamont, maître des requêtes, fils du premier lit de la maréchale d'Estrades.

(3) Voici la lettre de recommandation que Baluze écrivit au président de La Briffe :

A Monsieur de la Briffe, conseiller du Roy en ses conseils, maistre des requêtes ordinaire de son hostel et Président en son Grand Conseil. — A Limoges.

Monsieur,

Je vous supplie très humblement d'excuser la liberté que je prends de vous escrire pour procurer à mon neveu du Verdier conseiller au

grande familiarité avec luy. Je connois aussy M. de Marle. Je m'informeray plus amplement de tout cella. Cependant je vous prie de faire mes baisemains à ma fillole et de me croire toujours, Monsieur, vostre très humble et très obeissant serviteur.

E. BALUZE.

XIV

A Paris le 19 fevrier 1689.

J'ai rendu à M. D'Ablège et à M. Pierron les letres que vous m'aviez adressées pour eux, Monsieur. En suite M. D'Ablège m'est venu voir. Il se loue fort de vous et de M. le Procureur du Roy, et n'a pas fait difficulté de me dire que sans vostre secours il se seroit trouvé bien embarrassé (1).

Je luy ay parlé de vostre évocation. Nous sommes convenus

Présidial de Tulle l'honneur d'estre employé sous vos ordres dans les affaires présentes. Quoyque j'aye esté assez mauvais courtisan pour ne cultiver pas comme je devois l'honneur de vostre connaissance, et que mon neveu ne soit pas connu de vous, Monsieur, j'espère que vous aurez, si vous le pouvez, quelque esgard à ma très humble supplication, d'autant plus que je suis asseuré que vous n'aurez que de bonnes relations de sa personne et de sa conduite. S'il avait le bonheur d'estre un de vos substituts dans les provinces de vostre Commission, ce serait un grand honneur pour luy et une grande obligation dont je serai chargé envers vous. Je vous le demande en grâce, Monsieur, et vous supplie de croire que je suis avec tout le respect que je dois, Monsieur

Vostre très humble et très obéissant serviteur,

A Paris le 30 octobre 1688. E. BALUZE.

La Briffe, maître des requêtes, devint plus tard procureur général et eut d'Aguesseau pour successeur dans cette place.

(1) Le conseiller d'Ablège n'avait pas attendu son retour à Paris pour se louer à Baluze des bons services de son neveu ; il lui avait escrit la lettre suivante :

A Limoges ce 15 octobre 1688.

J'ay fini, Monsieur, toutes les courses du Bas-Limozin. Monsieur votre nepveu en a bien voulu prendre la fatigue avec moi, je lui en suis obligé. C'est un homme de mérite et qui a bien de l'esprit. Il mérite-

que je dresseray un placet pour M. le Chancellier, et qu'il le luy présentera. Ce sera, s'il plait à Dieu, pour la semaine prochaine, car il n'y a rien à faire pendant ces festes.

Je vous remercie, Monsieur, de toute la peine qu'il vous a pleu de prendre au suject de la chanoinie dont il a pleu à M. l'Evesque de Tulle de me pourveoir, et suis de tout mon cœur vostre très humble et très obéissant serviteur.

E. Baluze.

Je vous prie de faire mes baisemains à ma fillole vostre femme.

Je vis ces jours passés le commis de M. de Breteuil (1) qui est chargé des estats des gages des officiers. Je luy parlay des vostres. Il me dit de luy mettre en main des copies collationnées de l'arrest qui a restably vostre charge, de vos provisions, et de vostre reception et installation. Envoyez me les donc au plustost. Car il ne faut pas negliger cette occasion, encore bien qu'on ne soit pas asseuré d'y reussir. Car en ce pays-là on est si long et si difficulteux que c'est pitié. Il faut les faire collationner par deux notaires.

XV

A Paris le 5 mars 1689.

Je vis ces jours passés M. D'Ablège, qui m'asseura qu'il présenteroit cette semaine vostre placet à M. le Chancellier, et me dit qu'il estoit à propos que j'en escrivisse aussy à M. de

---

roit toute autre occupation que celle de Tulles. J'ai eü bien de la joie de vous marquer par ce petit endroit l'estime que je fais de votre personne; je lui ferai tomber toutes les affaires qui regarderont Tulles; il m'a témoigné qu'il en seroit bien aise et je crois qu'il faut toujours emploier un aussi bon suject que lui. J'ay brulé la lettre suivant votre intention, car il est de retour à Tulles.

Je suis, Monsieur, votre très humble et très obéissant serviteur.

Dableige.

(1) M. de Breteuil, conseiller d'Etat, avait été intendant des finances; il mourut en 1705. Son fils était, à cette date, secrétaire d'Etat de la guerre.

Croissy (1). Ce que j'ay fait. Je vous envoye la minute de ma lettre (2). A vous parler franchement, j'ay bien de la peine à me persuader que l'on vous accorde ce que vous demandez, principalement au sujet de l'affaire de Maugent. Néantmoins il faut hazarder. Le pis qui puisse arriver est de ne réussir

---

(1) Charles Colbert, marquis de Croissy, frère du grand Colbert, conseiller d'Etat, premier président au parlement de Metz, intendant de justice, ambassadeur en Angleterre, ministre-secrétaire d'Etat, mort le 26 juillet 1696.

(2) *A Monsieur le Marquis de Croissy.*

Du 4 février 1689.

M. d'Ablège commissaire député par la chambre souveraine establie à Limoges ayant fait l'honeur au s[r] Melon du Verdier conseiller au Présidial de Tulle, qui est mon neveu, de se servir de luy pendant tout le cours de sa commission, qui a duré environ trois mois, comme il est arrivé pendant ce temps-là que M. d'Ablège a fait des procédures contre certaines gens qui ont du crédit en ce pays-là et au Parlement de Guyenne, ces gens se persuadant que mon neveu a eu part dans ces procédures, l'ont fait menacer qu'ils s'en ressentiroient dans les occasions. Ce qui luy donne un juste suject d'apprehender qu'il ne trouve pas toute la justice nécessaire sur les lieux et au Parlement. Dans cette pensée il a supplié M. d'Ablège de luy procurer une évocation générale de toutes les affaires qu'il a ou pourra avoir pour luy ou pour sa famille, meües ou à mouvoir, pour estre renvoyées en tel autre Parlement du royaume qu'il plaira à S. M. Je dis *ou pour sa famille*, parcequ'estant fils de famille, quoyque majeur, marié, et officier, il ne peût avoir d'affaires en son nom tant que son père vivra que communément avec luy. Et cette clause ne peut pas aller loin, car il est unique, n'ayant ny frère ny sœur.

M. d'Ablège, qui connoit les manières du pays, a trouvé sa prétention juste et sa crainte bien fondée, et s'est offert d'en parler à M. le Chancellier. Et d'autant, Monseigneur, que le Limousin estant de vostre despartement, cela ne se peut pas faire sans vostre participation, je prens la liberté de vous escrire cette lettre pour vous supplier très humblement de vouloir, en cette rencontre honorer mon neveu de vostre protection, pouvant vous asseurer en toute vérité qu'il a plus d'application à sa profession et plus de bonne réputation qu'aucun autre de ce présidial. En mon particulier, je vous en seray très sensiblement obligé, et continueray d'estre toujours avec tout le respect que je dois.....

E. Baluze.

pas. Et quelquefois le hazard fait réussir des affaires qui paroissent impossibles (1). Je prendray soin de cella, et que M. le Lieutenant général n'en sçache rien.

J'attends la copie de vos titres, et suis, Monsieur, vostre très humble et très obéissant serviteur.

E. Baluze.

---

(1) Nous avons retrouvé la note suivante, relative à la même affaire, écrite de la main de Baluze, et ne portant ni date, ni adresse, ni signature :

Je vous prie de dire à M. du Verdier que M. d'Ablège a présenté son placet à M. le Chancellier, qui l'a renvoyé à Mrs de Fieubet (*) et de la Briffe, et que ces Mrs ne trouvent pas à propos de lui accorder une évocation générale à cause des conséquences pour les autres subdeleguez, mais qu'on pourra luy donner un arrest pour celle dont il s'agit présentement et que pour cet effect il faut qu'il envoye icy un mémoire contenant les raisons principales qui l'obligent de demander le renvoy de cette affaire en quelque autre juridiction.

Je vous prie de luy dire aussy que je fus hyer chez le commis de M. de Breteuil pour luy mettre en main les pièces qu'il m'a envoyées, que ce commis m'a respondu qu'elles ne suffisoient pas, qu'il falloit encore une copie collationnée de la quittance du Trésorier des partyes casueles, de son acte de reception et installation, de sa présentation aux Trésoriers généraux de France. Qu'il seroit bien à propos d'avoir, s'il se pouvoit, les quittances de finance de Mrs Goderc père et fils et leurs provisions. Je les ay eues en main. Et M. le coner Larue pourroit bien s'en accommoder, s'il vouloit, d'autant plus qu'elles luy sont fort inutiles. Mais il ne faut pas tesmoigner qu'on en a besoin, mais seulement que n'ayant plus besoin de ces pièces, il fairoit plaisir de les donner ou prester pour en prendre des copies.

Il faudroit aussy voir si les d. Coderc ont estés payés des gages. De quoy on pourroit estre esclairé par les registres des payeurs des gages, ou par le compte des receveurs des tailles.

Si M. Du Verdier a payé le droit annuel, il faudroit envoyer une copie collationnée de sa dernière quittance.

Il ne faut pas perdre de temps à tout cella. Encore ne reponds-je pas que la chose réussisse. Mais il faut faire ce qu'on pourra pour y reussir. Je l'estimerois bien heureux si dans un an il en pouvoit avoir contentement. Toutefois un bon vent peut la faire reussir plustost que je ne pense.

(*) Fieubet, conseiller d'Etat, chancelier de la reine.

XVI

A Clermont ce 16 juin 1689.

Je vous renvoye vostre jument, Monsieur, avec les remerciments que je dois. Je l'ay soulagée autant que j'ay peu et autant que j'en ay esté capable. J'espère que Malaurie (1) en prendra le mesme soin en vous la ramenant, comme je le luy ay bien particulierement recommandé.

Je vous supplie, Monsieur, d'asseurer de mes respects mademoiselle vostre mère.

Pour ce qui est de mademoiselle du Verdier, je vous laisse à penser ce que je désire que vous lui disiez de ma part.

Je n'oublieray pas les choses que vous m'avez recommandées dans l'entretien que nous avons eu depuis Tulle jusques à Vitrac (2). Je vous supplie, Monsieur, d'en estre bien persuadé et que je suis très certainement vostre très humble et très obéissant serviteur.

E. Baluze.

---

(1) Homme de confiance de M. du Verdier.

(2) Dans la réponse à cette lettre, du Verdier revient sur les recommandations qu'il avait faites à Baluze pendant le voyage de Tulle à Vitrac. Voici cette réponse dont nous trouvons le brouillon au dos de la lettre de Baluze ; il n'est pas daté :

Je suis en peyne, Monsieur, d'apprendre vostre arrivée et l'estat de vostre santé. La chaleur excessive qu'il a fait depuis cinq ou six jours me donne de la crainte pour vous. Depuis vostre départ nous n'avons rien de nouveau à vous apprendre ny de la ville ny de la maison. Les gens parlent encore et disent mille choses qu'on n'a jamais ny dit ny voulu ny pensé ; chaqu'un tasche à devisner et personne n'a touché au but. Je vous remercie très humblement des remerciements que je receus de vous dattés de Clermont et surtout du souvenir que vous conservez et pour moy et pour ma femme ; il nous est infiniment cher ; ainsi nous vous prions de le conserver aussy cherement comme nous taschons de le mériter.

Il me paroit que vous n'avez pas oublié la prière que je vous fis en allant de Tulle à Vitrat. Je vous serai très obligé si vous voulez vous en souvenir efficacement. Je n'eus jamais tant de raison pour le souhaiter, et si j'osais vous le mander vous en conviendriez avec moy. Si

XVII

De Paris le 30 juillet 1689.

Les letres d'Angleterre du 25 juillet porteut que M. de Schomberg devoit partir le lendemain et qu'on disoit qu'il alloit vers Chester (1).

Grande contestation entre les deux chambres touchant l'affaire d'Oates, qui n'a peu estre encore terminée, et qu'on croit qu'elle aura des grandes suites (2).

Le prince d'Orange est résolu de congédier le Parlement. Il ayme mieux ne leur point demander les subsides qu'ils luy avoient promis et remettre cette affaire là jusqu'à l'hyver (3).

Lescommunesontproposédel'obliger à éloigner Hallifax (4),

---

vous ne me trouvez pas tout à fait indigne de quelque employ, je vous conjure de tout mon cœur de me le prouver. Il y en a mille qui ne seroient pas du goult de M. vostre frère le cadet et qui seront tous du mien, pourveu que je puisse me mettre en place, et que je n'y dépense rien du mien, car je suis seur que quand vous m'en procurerez quelqu'un il sera de ma portée, et que vous ne m'exposerez qu'aux choses dont je peux m'acquitter dignement et pour vous et pour moy, estant persuadé que me produisant en quelque endroit, vous serez bien ayse que je réponde à vostre attente. Vous m'avez assez sondé pour cognoistre de quoy je peux estre capable. Pour ce qui est de l'exactitude, de la fidélité et du secret, je peux vous répondre pour moy mesme.

(1) Jacques II, détrôné par son gendre Guillaume d'Orange, essayait de se maintenir en Irlande, où des troupes françaises l'appuyaient. L'ex-maréchal de Schomberg fut chargé par Guillaume de combattre le monarque déchu. Il quitta l'Angleterre au mois d'août pour se rendre en Irlande à la tête de l'armée. Lorsque Guillaume III parut lui-même sur le théâtre de la guerre, Schomberg prit, sous ses ordres, le commandement d'une division et se fit tuer à la bataille de la Boyne.

(2) Le fameux délateur Oates fut condamné, sous Jacques II, à l'emprisonnement perpétuel et à être fouetté quatre fois l'an par le bourreau. A l'avènement de Guillaume III, le parlement cassa la sentence, après avoir revu le procès, et remit Oates en liberté.

(3) Le parlement de Londres ne fut dissout qu'en avril 1690 ; il avait voté les subsides demandés par le roi pour la guerre d'Irlande.

(4) Georges Saville, marquis d'Halifax, président du conseil sous Jacques II, abandonna ce prince à l'avènement de Guillaume III ; il devint garde des sceaux du nouveau roi et président de la chambre des pairs ; il résigna ces fonctions en 1689.

Dundee (1), et Bentinque (2), qui est Hollandais. Mais, il n'a rien respondu jusques à present.

Plusieurs personnes s'étoient mis ensemble à Edimbourg pour mettre le feu à la ville et massacrer toute la convention (3). On a passé l'acte en Escosse pour la destruction de l'épiscopat.

Le siège de Mayence a esté résolu par ordre esprez de l'empereur contre l'avis de M. de Lorraine (4). On avoit commencé les lignes de circonvallation, mais on ne croyoit pas qu'on peut ouvrir la tranchée que le 7 ou 8 aoust. Les troupes de Brandebourg sont à l'entour de Cologne. On croit qu'il ne veulent que la bombarder et non pas l'assiéger (5).

La confirmation de la défaite des Tartares par les Moscovites, lesquels néanmoins ne sont pas entrez dans la Crimée et sont allez vers Precop (6).

On croit que le Roy de Danemarc demeurera dans la neutralité (7).

Les letres de Rome du 12e marquent que le Pape (8) n'estoit pas encore guery, et qu'il luy a fallu faire une incision à la

---

(1) Le vicomte de Dundé, qui avait été l'âme du complot d'Edimbourg, fut tué bientôt, dans une rencontre, par les troupes anglaises.

(2) John-William Bentinck conserva les faveurs de Guillaume, fut fait pair d'Angleterre et plus tard ambassadeur à la cour de France.

(3) Excités par le vicomte de Dundé, les rebelles voulaient se saisir du duc d'Hamilton, des membres du parlement et du conseil privé d'Ecosse, arrêter tous les partisans de Guillaume, et incendier Edimbourg. Le complot fut étouffé par les troupes royales.

(4) Le duc de Lorraine, Charles V, et l'électeur de Bavière voulaient mettre le siège devant Strasbourg; l'empereur, pressé par la population allemande qu'avaient exaspéré les incendies du Palatinat, leur ordonna d'attaquer Mayence. Le blocus commença en juin 1689. Défendu par le lieutenant-général d'Huxelles, la ville résista jusqu'au 8 septembre et fut obligée, après plusieurs assauts, de capituler.

(5) Les troupes de Brandebourg ne firent aucune démonstration directe contre Cologne; elles bombardèrent et détruisirent Bonn, une des principales villes de l'Electorat.

(6) La bataille de Précop, annoncée d'abord comme une victoire, fut un insuccès pour les Russes, qui s'empressèrent de négocier la paix. Voir la lettre suivante.

(7) Malgré son désir de rester neutre, le roi de Danemarck fut obligé de fournir quelques troupes aux coalisés.

(8) Innocent XI. Voir la lettre suivante.

jambe, d'où il est sorty beaucoup de pus. On croiroit cependant qu'il seroit bientost en estat de guerir d'autant plus qu'il n'est point venu de courrier extraordinaire.

M. D'Humieres descampa le 25 juillet d'Haine-Saint-Pierre, et s'est approché d'une lieue de Mons (1). Les ennemys en sont à quatre lieues. On ne se dit encore rien, de part ny d'autre. On dit que les Espagnols doivent bientost joindre leurs troupes. Leur armée est d'environ 25,000 hommes.

Il est arrivé ce matin un courrier despesché par M. le marquis de Seignelay le 25 de ce mois au soir. Il a rapporté que nostre flote est à deux lieues de Brest, composée de 45 grands vaisseaux de guerre, 25 brulots, 23 fregates. Celle des ennemys est en veüe de la nostre. On n'á pas encore de nouvelles de M. le chevalier de Tourville (2). M. de Seignelay couche tous les soirs dans le bord du Souverain. Il y a défense sur peine de la vie a tous officiers, soldats et matelots de coucher à terre.

(*Sans signature*).

XVIII

Du 6 aoust.

On a parlé icy fort diversement du siège de Mayence, les uns disant qu'il estoit fermé, les autres qu il ne l'estoit pas. Mais enfin on a nouvelles du 31 juillet que la tranchée est ouverte et que les lignes de circomvallation sont tirées.

Le Roy est à Marly, d'où il reviendra demain au soir, et

---

(1) L'échec du maréchal d'Humières fut sans importance et ne compromit pas le sort de nos armes en Belgique.

(2) Le marquis de Seignelai, ministre de la marine, avait ordonné la réunion à Brest de toutes nos forces maritimes, pour livrer combat aux forces anglo-bataves. Les escadres de Dunkerque, du Havre, de Rochefort avaient rejoint. Tourville, amenant ses vaisseaux de Toulon, rencontra les croiseurs ennemis qui voulaient empêcher sa jonction. Il sut profiter d'un heureux coup de vent pour pénétrer, sans tirer le canon, dans la rade de Brest, le 30 juillet 1689.

déclarera le Gouverneur et le Précepteur de M. le duc de Bourgogne. Chascun les nomme à sa fantaisie (1).

M. le marquis d'Effiat avait été nommé par le Roy pour estre gouverneur de M. le duc de Chartres, mais il s'en est excusé sur ce qu'il a sceu que sa personne n'estoit agréable à Madame (2).

Le Pape est toujours très malade. On expose le Saint-Sacrement dans toutes les églises de Rome pour prier pour la santé d'un grand personnage, sans dire que ce soit pour le Pape. Il a un million de livres sous son lit. On prétend que s'il meurt le cardinal Capisucchi jacobin, autrefois maistre du sacré palais, aura bonne part à la Papauté. Il fut autrefois disgracié du temps d'Alexandre VII pour avoir fait imprimer un livre contre les jésuites. Le cardinal Altieri y prétend aussy vigoureusement, aussy bien que le cardinal Carpegna. Les dernières letres portent qu'on a fait une troisième incision à la jambe du Pape, et qu'il en est sorty une livre de matière mal cuite. On croit que sa maladie pourra être longue, mais qu'elle est incurable (3). On a déjà transporté ailleurs beaucoup de prétieux meubles du Palais. Le cardinal Cibo a fait aussy transporter les siens.

La desfaite des Tartares se trouve beaucoup moindre qu'on ne l'avoit publiée. Les Moscovites ont ensuite demandé la paix avec eux, et elle a esté conclue.

M. le marquis de Saint-Gelais ayant esté destaché avec un party a manqué d'une heure de prendre le marquis de Castanaga, gouverneur des Pays-Bas espagnols.

On a descouvert une conspiration contre le prince d'Orange,

---

(1) On sait que Louis XIV choisit le duc de Beauvilliers pour gouverneur et Fénelon pour précepteur du duc de Bourgogne.

(2) Le duc de Chartres, qui devait être plus tard duc d'Orléans et régent de France, avait en 1689, pour gouverneur, le duc de La Vieuville, pour sous-gouverneur, M. de Saint-Laurent, et pour précepteur l'abbé Dubois. M. de Saint-Laurent étant décédé, Louis XIV voulait donner à son neveu pour gouverneur le marquis d'Effiat, qui n'accepta pas. L'abbé Dubois fut investi de la fonction en septembre 1689.

(3) Innocent XI succomba le 12 août 1689, et eut pour successeur sur le trône pontifical le cardinal Ottoboni, qui prit le nom d'Alexandre VIII.

qui l'a obligé de doubler ses gardes et de faire mettre sous les armes tous les Hollandais qui sont à Londres.

Le roy d'Angleterre a fait passer dix mille hommes de ses troupes en Angleterre.

On fait courir le bruit que M. de Schomberg est arrivé à Chester pour de là passer en Irlande. Mais cela n'est pas asseuré.

(Sans signature).

XIX

A Paris le 30 septembre 1689.

Vous ne sçauriez me faire un plus grand plaisir, Monsieur, qu'en vous employant utilement pour Monsieur le marquis de Saint-Jal en une affaire qu'il a avec Monsieur Fenis cy devant Procureur du Roy à Tulle, dans laquelle Monsieur vostre oncle est arbitre. Je vous seray très obligé du soin que vous en prendrez (1). Je vous prie de le croire ainsy, Monsieur, et que je suis toujours très véritablement vostre tres humble et très obéissant serviteur.

E. Baluze.

---

(1) Cette affaire avait été recommandée à Baluze par M. de La Reynie, dans la lettre suivante :

Ce 30 de septembre 1689.

Je prens la liberté Monsieur de vous envoyer le mémoire duquel j'eus l'honneur de vous parler hier et de vous renouveler ma très humble suplication, à condition qu'elle ne vous fasse aucune sorte de peine.

Je suis Monsieur votre très humble et très obéissant serviteur.

De La Reynie.

Suit le memento :

Il seroit à souhaiter que Monsieur l'Abbé Baluze escrivit à Tulle à Monsieur Melon son neveu, de recommander à Monsieur Melon advocat du Roy à Tulle, arbitre dans l'affaire que Monsieur le Marquis de Saint-Jal a avec M. Fenis ci-devant Procureur du Roy à Tulle, les interests et le bon droit de Monsieur le marquis de Saint-Jal, et de vouloir bien en prendre un soin particulier.

On désireroit aussi que Monsieur Fenis grand Prevost de l'Eglise de

XX

A Paris le 29 octobre 1689.

Pour response à la letre que vous m'avez fait l'honeur de m'escrire, Monsieur, au sujet de la charge de M. des Donnereaux, je vous diray qu'il m'est venu voir de vostre part, jeudy et vendredy dernier, et que je luy dis que j'escrirois un billet à la personne que vous m'aviez marquée, sans pourtant lui donner à connoistre pour qui c'estoit, mais seulement que c'estoit pour une personne de Paris. Il m'a demandé si c'estoit une personne mariée. Surquoy je luy ay respondu que je n'en savois pas tant, et lui ay donné à connoistre que je n'avois pas beaucoup de familiarité avec cette personne. Depuis je luy ay fait sçavoir que cette personne estoit aux champs, qu'on luy escriroit de cette affaire, et qu'on en auroit des nouvelles dans cinq ou six jours. Car malheureusement il se trouve que précisement dans cette conjoncture M. H. (1) est allé à Lyon avec sa femme. J'espère qu'auparavant qu'on aye response de luy je seray en estat de quitter la chambre. Auquel cas je fairay par moy-mesme ce que je serois autrement obligé de faire par billets. De quelque façon que j'agisse, je fairay toujours tout ce qui dépendra de moy pour la satisfaction de M. H. et de M. de Lacombe (2). Je vous prie, Monsieur, d'en estre bien persuadé, et que je suis toujours très véritablement vostre très humble et très obéissant serviteur.

E. Baluze.

Mes baisemains, s'il vous plait, à Mademoiselle vostre mère et à ma fillole.

Tulle, logé au college de la Mercy près de celui de Reims rue des Sept-Voyes, beau-frère de M. Teyssier du Massel advocat, qui est aussi arbitre dans la mesme affaire, escrivist à Monsieur son beau-frère, pour luy recommander le bon droit de M. de Saint-Jal, et d'examiner cette affaire dans la dernière exactitude.

(1) M. Heude (voir la lettre du 12 novembre 1689 qui suit).

(2) M. de Lacombe appartenait à une ancienne famille de Tulle.

XXI

A Paris le 12 novembre 1689.

M. Heude m'a fait sçavoir de Lyon, où il est, comme j'ay déjà eu l'honneur de vous l'escrire, Monsieur, qu'il ne pensoit à la charge dont il est question que pour l'amour de Monsieur de Lacombe et de Madame sa sœur. Il espère avant toutes choses sçavoir quels sont les émoluments de cette charge, les gages, la paulete, le prix de la charge. Je lui fairay sçavoir ce que le vendeur m'en a dit. Après quoy nous verrons ce qu'il y aura à faire. Mais je vois qu'il y aura beaucoup de difficultez, à cause que M. H... veut payer comptant, et cependant, il y a quantité de comptes à appurer. Si M. de Lac... vient icy comme on me l'a dit, il pourra luy-mesme voir de plus près ce qu'il y aura à faire, et me marquera plus particulièrement la conduite que je dois tenir. Cependant je vous prie d'estre bien persuadé que je m'employeray très volontiers aux choses que je verray estre de son plaisir et du vostre. Cependant je suis de tout mon cœur, Monsieur, vostre très humble et très obéissant serviteur.

E. Baluze.

Mes baisemains s'il vous plait à Mademoiselle vostre mère et à ma fillole.

XXII

Du 24 janvier 1690.

Je me souviens, Monsieur, de ce que je vous promis lorsque nous nous séparasmes près de Vitrac (1). N'en doutez pas, s'il vous plait. Je n'en perdray pas l'occasion si elle se présente. Mais il ne faut rien gaster par trop d'empressement.

Je vous remercie de la peine que vous avez prise de parler à M. de Seillac.

(1) Voir la lettre du 16 juin 1689.

J'ay retrouvé un mémoire que j'avois fait il y a bien longtemps de quelques actes de Seillac.

Le 1er est de l'an 1339, *post festum assumptionis,* passé à Seillac, *ad opus dni de Chanaco Episcopi Parisiensis.* Autre de l'an 1320 où *Raymundus de Chanaco dominus de Seilhaco* contracte *cum Guidone de Chanaco nobili de Alassaco.*

Autre de l'an 1307 *die Jovis post festum Paschæ.*

Autre de l'an 1330, 14 août, *Guillemus de Chanaco, archidiaconus major in ecclesia Parisiensi.*

Autre du 7 février 1280, *Raymundus de Chanaco miles. Almodis uxor dicti militis.*

Je serois bien ayse d'avoir copie de ces actes, qui me servent pour justifier de la généalogie des cardinaux de Chanac. Il me faut aussy pour cella mesme l'acte de vente de la terre de Seillac de l'an 1539.

Je n'ay pas veu comment la terre de Seillac tomba dans la maison de Pompadour. Je scay seulement que la maison de Chanac estant tombée en quenouille il y a environ deux cents ans, l'héritière fut mariée à Pompadour. Si on avoit à Seillac son contrat de mariage, ou quelque chose équivalent qui marquat son nom et celluy de son mary, je serois bien ayse d'en avoir communication.

Tout cella ne peut que faire plaisir à M. de Seillac.

Je suis, Monsieur, vostre très humble et très obéissant serviteur.

E. Baluze.

Mes baisemains s'il vous plait à ma fillole.

XXIII

A Paris le 28 janvier 1690.

M. de Seillac n'a pas bien fait chercher dans ses papiers, comme vous avez peu facilement le reconnoitre, Monsieur, par le dernier mémoire que j'ay eu l'honeur de vous envoyer.

Je receus ces jours passés le testament de Guillaume de

Chanac cardinal, qui m'a esté envoyé de l'abbaye de Saint-Florent de Saumur (1). Si j'avois copie des titres qui sont à Seilhac, je fairois dans l'Histoire de Tulle une petite généalogie de cette Maison, qui fairoit honeur à M. de Seillac (2). Ce sont ses affaires plus que les mienes.

Pour ce qui est de la charge dont vous m'avez escrit, Monsieur, il n'y a encore rien de fait. Mais le premier commis de M. le Controolleur général, qui est de mes amys, m'a promis de m'advertir dès qu'il y aura quelque chose de résolu sur cet article; et je ne doute point qu'il ne fasse ce qui dépendra de luy pour vous faire avoir satisfaction. Ne parlez de cella à personne, s'il vous plaît. Je prendray cependant soin de vous avertir de ce qui s'y passera.

Je suis, Monsieur, et à ma fillole, vostre très humble et très obéissant serviteur.

E. Baluze.

XXIV

(Sans date. Fin janvier ou février 1690.)

Je suis très persuadé, Monsieur, que vous avez eu beaucoup de plaisir en aprenant que le roy m'avoit donné une chaire de professeur royal en droit canon. C'est une place qui me convient, et qui est fort honorable. C'est par là que je la regarde autant que pour l'interest. De plus honestes gens que moy l'avoient demandée. Ainsy je peux bien en estre content.

Je seray bien ayse d'avoir des copies des actes de Seillac que je vous ay demandés. Cella peut servir à M. de Seillac, non pas tant pour l'utile que pour l'honorable. Il y devroit faire plus de reflexion qu'il ne fait.

Mes baisemains à ma fillole, s'il vous plait, Monsieur, et me croyez toujours vostre très humble et très obeissant serviteur.

E. Baluze.

---

(1) Ce testament a été publié par Baluze dans *Vitæ pap. Aven.*, II, 952.

(2) La généalogie des Seillac ne se trouve pas dans l'*Histoire de Tulle* de Baluze.

XXV

A Paris le 18 mars 1690.

Je suis persuadé, Monsieur, qu'encore qu'il y aye toute sorte de subject de croire que le procez de M. Darluc est une fausseté, laquelle sera mieux examinée en ce pays-ci qu'à Tulle, il ne faudroit pas rejetter la proposition que fait M. le Procureur du Roy, si M. Darluc. estoit un homme sûr la parole duquel on peut fonder quelque chose de certain. Mais mon frère m'asseure qu'il a déjà manqué de parole en une rencontre en laquelle vous estiez médiateur, ce que de là il faut tirer une conséquence pour la suite.

J'escris à M. Plasse sur l'erreur de calcul.

Sur la plainte que j'avois faite à M. Cuiville contre M. le lieutenant général, ils me vinrent voir un de ces jours accompagnez de M. de l'Estrade pour me dire que ce qu'on m'avoit escrit au suject de la rupture de vostre accommodement estoit faux, et M. le lieutenant général prononça des juremens terribles pour me prouver qu'il disoit la vérité. M. Cuiville me donna à entendre que M. le lieutenant général s'en retournoit bientost et qu'il fairoit ce qui dépendroit de luy pour terminer vos affaires avec Mme du Plazanet.

Je vous envoye une lettre pour M. Begon, intendant à Rochefort (1).

M. Des Marets n'est pas à Paris; ainsy je ne peux pas le faire

---

(1) Cette lettre, dont M. du Verdier ne fit pas usage, était ainsi conçue :

A Monsieur Begon, Intendant général de la marine. — A Rochefort.

A Paris le 18 mars 1690.

Vous trouverez sans doute bien estrange, Monsieur, que je prenne la liberté de vous escrire pour vous recommander deux de mes proches qui font estat d'aller jusques à Rochefort par curiosité, moy qui n'ay jamais rien mérité de vous, et qui par conséquent ne devrois pas prendre tant de liberté. Je le fais néanmoins, Monsieur, dans la confiance que j'ay en vostre bonté, et vous supplie très humblement de vouloir bien ordonner qu'on satisfasse leur curiosité le plus amplement qu'il se pourra. Je vous en seray parfaitement obligé. L'un est mon neveu, et l'autre mon cousin germain, et ils sont tous deux conseillers au Prési-

escrire. Et quoy que j'aye de la peine à escrire à M. de B (1), ainsy que vous le scavez, Monsieur, je hazarde luy escrire, sans estre garant du succès de ma letre.

Mes baisemains à mademoiselle Du Verdier, s'il vous plait.

Je suis de tout mon cœur, Monsieur, vostre très humble et très obeissant serviteur.

E. Baluze.

Je crois que M. le chevalier Plasse sera à Rochefort lorsque vous y arriverez, et il vous faira voir toutes choses bien aysement.

XXVI

A Paris le 25 mars 1690.

J'ay bien du desplaisir, Monsieur, que les affaires de M. des Donnereaux ayent esté si fort engagées au temps que j'ay receu vostre dernière letre que M. de Lacombe n'a pas esté en estat de pouvoir entrer en quelque nouvelle négociation. Il

---

dial de Tulle. En attendant l'honneur de vous remercier des faveurs qu'ils recevront de vous, je vous supplie, Monsieur, de vouloir bien recevoir les nouvelles asseurances que je vous donne de mon très humble service et du respect avec lequel je suis vostre très humble et très obéissant serviteur. E. Baluze.

(1) M. de Bouville. Nous reproduisons la lettre qui lui était destinée :

A Monsieur de Bouville, conseiller du Roy en ses conseils, maître des requêtes ordinaire de son hostel, Intendant de la justice, police et finances, en la généralité de Limoges. — A Angoulesme.

Monsieur,

L'occasion d'un voyage que M. Du Verdier mon neveu va faire vers vous me fournit le suject de cette letre, qui ne tend à autre chose qu'à me prévaloir de cette occasion pour vous renouveller les offres de mon très humble service et de vous en faire donner des asseurances par mon neveu, comme je l'en ay prié. Je vous supplie, Monsieur, d'en vouloir bien estre persuadé, puisque je suis très sincèrement et avec le respect que je dois, Monsieur, vostre très humble et très obéisssant serviteur.

A Paris le 18 mars 1690. E. Baluze.

m'a toujours paru qu'il agissoit de bonne foy, et je l'ay dit ainsy à M. des Donnereaux. Mais il falloit tant de précautions de part et d'autre que lorsque je croyais l'affaire en estat d'estre conclue, la difficulté des seuretés la faisoit rompre. Il faut desormais que l'arrest qui a ordonné la vente de cette charge soit executé. Il y a plusieurs enchérisseurs. Il y a apparence que cette affaire sera finie avant le mois d'avril.

M. le Lieutenant général n'est pas un homme sur la parole duquel on doive beaucoup conter. Il en dit tant qu'il est bien difficile d'en arrester quelquune. J'ay escrit à mon frère ce qui s'est passé entre luy et moy. Je souhaite de tout mon cœur qu'il se souvienne de ce qu'il m'a promis, mais j'en doute beaucoup.

Je suis très véritablement, Monsieur, votre très humble et très obeissant serviteur,

E. Baluze.

Mademoiselle Du Verdier prendra, s'il luy plait, à gré que je luy dise icy que j'ay receu sa letre, que je suis bien ayse de la voir toujours dans les sentimens d'affection qu'elle me marque dans sa letre, et que je la prie d'y perseverer, comme je ne doute pas qu'elle ne le fasse. Je luy baise très humblement les mains.

XXVII

A Paris le 27 may 1690.

J'ay receu, Monsieur, la letre de change des 305 livres que vous m'avez envoyée. M. de Vernéjoux m'a promis de me la payer quand je voudray, et cella se faira un de ces jours. Mais vous n'évitez pas par là le risque de perdre sur les espèces, puisqu'il est icy le mesme qu'à Tulle, et qu'on a icy autant de difficultez pour le change qu'en aucun autre endroit. J'attendray vos ordres là-dessus.

Estimant que M. de Lacombe, auquel je me suis expliqué

sur ce que vous avez désiré que je fisse icy pour vostre service, est arrivé présentement à Tulle, j'ay lieu de croire qu'il vous aura fait entendre en quelle situation nous sommes icy et qu'il faut necessairement se donner patience jusques à ce que je puisse trouver une occasion favorable. Autrefois j'aurais eu plus de facilité, parceque je voyais le maistre et plus souvent et plus longtemps. Mais je vous supplie, Monsieur, d'estre bien persuadé que je n'oublie pas ce que je vous ay promis, et que si l'occasion se peut présenter, je ne la laisseray pas eschapper. C'est de quoy vous pouvez faire estat, et que je suis toujours, très constamment, Monsieur, vostre très humble et très obeissant serviteur.

E. Baluze.

Mes baisemains à ma fillole s'il vous plait.

XXVIII

A Paris le 3 juin 1690.

J'ay receu de M. Vernéjoux le payement de la letre de change de [ ] et ay payé les 12 l. sur vostre billet, Monsieur.

Lorsque vous me fairez l'honeur de me donner vos ordres pour le payement de cette somme, je ne manqueray pas de les exécuter ponctuellement. Je vous supplie, Monsieur, de n'en pas douter.

Je crois que M. de Lacombe auquel je vous prie de faire mes baisemains, vous aura entretenu des mesures qu'il estoit obligé de garder à vostre suject et que vous en aurez été content. Je vous supplie de croire que je ne m'y oublieray pas très asseurément.

Je vous prie de faire mes baisemains à ma fillole et de me croire toujours, Monsieur, vostre très humble et très obeissant serviteur.

E. Baluze.

XXIX

A Paris le 12 aoust 1690.

Lorsque M. Dufresnoy me présentera vostre letre, j'y satisfairay sur l'heure, et ne luy donneray pas la peine de revenir.

Je scay, Monsieur, que M^rs les Chanoines ne sont pas extremement raisonnables. S'ils perseverent à me refuser la justice que je dois attendre d'eux, je crois que je me resoudray à demander un arrest du conseil contr'eux, en vertu duquel je fairay saisir tous leurs revenus. Je reconnois néanmoins bien qu'il ne tient pas à vos soins ni à ceux de M. le Prévost que je n'aye contentement. Vous me fairez plaisir, Monsieur, de l'en remercier pour moy le plus affectueusement que vous pourrez.

Je cherchay ces jours passez le mémoire que j'avais des enfants de Pierre de Fenis et de....... de Maynard sa femme, et de ceux d'Ignace et de......... sa femme, mais je n'ay peu le retrouver. Je vous prie de luy en demander un autre mémoire et de me l'envoyer, mon dessein estant d'en faire mention à l'endroit où je marque la mort de Pierre de Fenis (1).

Ma fillole m'a escrit une letre de plaintes. J'en escris à mon frère. Je vous prie, Monsieur, de vous servir de votre prudence, pour tascher de faire cesser ses plaintes.

Je suis cependant de tout mon cœur, Monsieur, vostre très humble et très obeissant serviteur.

E. Baluze.

XXX

A Paris le 16 septembre 1690.

J'envoyai le 13 de ce mois une letre de change de 12 livres à M. le chevalier de Bellefons (2).

---

(1) Les de Fénis, établis en Bas-Limousin, y sont encore représentés aujourd'hui.

(2) Les Bellefons sont originaires du Limousin.

Je me suis informé, Monsieur, de ce que vous m'escrivez touchant son relief et j'ay appris qu'il ne le peut prétendre que du jour que sa compagnie aura passée en revüe pour la première fois devant le commissaire. Il est vray qu'il y a quelques officiers qui ont obtenu les leurs par surprise. Mais il a esté ordonner de leur défalquer les sommes qu'ils ont receües sur le premier payement qui leur sera fait.

Je vous remercie du soin qu'il vous a pleu de prendre pour me faire avoir ce que j'avais esgaré de la famille de feu M. le président Fenis. C'est un homme pour la mémoire duquel j'ay beaucoup de vénération, et M. le Prevost m'a bien fait plaisir de me favoriser en cella. Je vous prie de l'en remercier.

Hyer M. le Procureur général me parla de l'affaire du chapitre sans que je luy en parlasse. Je vous prie de croire que j'y ay fait mon devoir, quoyque messieurs du chapitre ne m'ayent pas fait l'honeur de m'en solticiter. J'ay lieu de croire que leur affaire ira bien.

Je suis de tout mon cœur, Monsieur, vostre très humble et très obeissant serviteur.

E. Baluze.

Mes baisemains à ma fillole s'il vous plait.

XXXI

A Paris le 29 septembre 1691.

Vous ne devez pas douter, Monsieur, que je n'aye bien de la joye de vous voir icy et que vous n'y soyez le bienvenu. Je ne suis pas changeant et vous reconnaitrez que je suis le mesme à vostre esgard que je vous paru, lorsque vous fites l'honeur à ma fillole de la prendre pour vostre espouse. Je suis aussy bien certain que ny vous ny elle n'avez pas changé à mon esgard. Vous me fairez plaisir, Monsieur, de luy faire mes baisemains et de l'asseurer que je prendray bien soin de vous lorsque vous serez icy. Je suis de tout mon cœur, vostre très humble et très obeissant serviteur.

E. Baluze.

XXXII

A Paris le 5 janvier 1692.

Après vous avoir remercié, Monsieur, de la peine que vous avez bien voulu prendre de m'escrire pour me souhaiter la bonne année, je diray que j'ay les mesmes sentiments à vostre esgard et que je vous la souhaite bonne et heureuse à vous et à tout ce qui vous appartient.

Je ne fais pas response à ma fillole, estimant que celle-cy suffit pour vous deux. Cependant je vous prie de luy dire que je luy envoyeray le tablier qu'elle m'a demandé pour ses étrennes, des plus à la mode, c'est-à-dire tout simple. Car selon l'usage en France l'on est allé d'une extrémité à l'autre sans passer par le milieu. On en faisoit qui coustoit jusques à vingt louis d'or. Et présentement on les fait tout simples.

Je suis toujours très véritablement, Monsieur, vostre très humble et très obeissant serviteur.

E. BALUZE.

XXXIII

A Paris le 14 juin 1692.

J'ay reçeu vostre billet, Monsieur, lequel j'ay remy ez main de M. Desaguet, qui m'a promis qu'il en auroit soin. En sorte que j'ay lieu de croire qu'on faira en vostre faveur tout ce qui se pourra. Je l'en tiendray sollicité.

Je dis hyer la même chose à M. l'abbé Boyer (1) qui prit la peine de me venir voir pour m'en entretenir. J'avais pris medecine *ad cautelam*. Il parlera de son costé à M. Sandrier. Je crois qu'il vous en escrira.

Je suis bien ayse de ce que les bonnes nouvelles de la grossesse de ma fillole continuent. Il faut luy recommander de se bien mesnager, de peur de gaster ce qui a esté bien fait jusques icy. Je luy baise les mains, et suis, Monsieur, vostre très humble et très obeissant serviteur.

E. BALUZE.

(1) L'abbé Boyer était un ami et un compatriote de Baluze.

XXXIV

A Paris le 22 novembre 1692.

J'espère, Monsieur, que cette letre vous trouvera arrivé à Tulle en bonne santé, comme je le souhaite, et que bientost après vous me fairez l'honeur de m'aprendre que ma fillole est accouchée heureusement.

J'envoyay le 19e de ce mois vostre balle au roulier de Limoges, qui devoit partir ce mesme jour, ainsi qu'on l'asseura à Madame Roussel (1). C'est par la voye du sieur Gabriel Maillet voiturier de Limoges. Je l'ay adressée à M. de Villars notaire à Limoges, et lui ay mandé que c'estoit pour vous. On n'a pas voulu s'en charger à moins de sept livres dix sols pour cent. Elle pese 116 livres.

Je vous renvoye une letre qui est venue dans mon paquet par le dernier ordinaire.

J'iray voir M. Gaye pour luy remettre les deux estuys de mes niepces que vous avez oubliez.

J'iray aussy voir M. Noüet sur le memoire que vous m'avez laissé. J'en parlay hier à M. le Maire qui trouve l'affaire bonne.

Madame Roussel vous prie de vous souvenir qu'elle a mis la mesure de ses sabots dans les souliers de sa fille.

Je vous baise très humblement les mains et à toute vostre famille, et suis très véritablement vostre très humble et très obeissant serviteur.

E. Baluze.

XXXV

A Paris le 29 novembre 1692.

J'ay receu vos deux letres, Monsieur, datées d'Orléans et de Bourges, dont j'ay esté bien ayse. J'espère que mercredy pro-

(1) Mme Roussel était veuve d'un médecin ami de Baluze. (Voir la lettre du 24 janvier 1693).

chain j'aprendray que vous estes arrivé à Tulle en bonne santé, et qu'on aura eu bien de la joye de vous y revoir.

J'ay mis ez mains de M. Gaye (1) les deux estuis d'argent et six petits canons de syringue que mon frère m'a demandés. Je luy ay aussy remis *le Cuisinier et le Jardinier François*. Vous avez bien fait, Monsieur, de m'en faire souvenir par vostre lettre d'Orléans, car sans cella vous couriez risque de ne les pas recevoir si tost.

Je fus au commencement de cette semaine chez M. Noüet. Mais il estoit à Saint-Cir pour l'exécution d'un Bref du Pape pour le changement du gouvernement de cette maison, où on met des Ursulines pour gouverner les 250 filles de noblesse qui y doivent estre eslevées. Ne le trouvant pas, je laissay vostre memoire à M. son fils. J'y retournay hyer pour le retirer. Mais il ne l'avoit pas encore examiné. J'y ay envoyé Louis (2) ce matin, selon que nous en estions convenu. Je crois qu'il me le rapportera. En ce cas, je vous l'envoyeray.

J'ay escrit à mon frère touchant les 100 livres de ma chanoinie selon que vous l'avez désiré.

Je crois, Monsieur, que quand vous envoyerez icy des sabots, il faudroit les mettre avec les pois dans une boette. Il faudroit aussy tascher d'envoyer par la mesme voye le registre du proces pour l'élection de l'évesque de Tulle en 1454 que M. le Prevost a descouvert. Je vous rembourseray ce que vous donnerez pour cella.

Je vous envoye la réponse de M. Noüet.

Mes baisemains, s'il vous plait, à Mademoiselle vostre mère et à ma fillole.

Je suis, Monsieur, vostre très humble et très obéissant serviteur.

E. Baluze.

J'ay creu qu'il ne vous en cousteroit beaucoup plus de port quand j'y adjouteroy les vers cy joints, qui sont faits avec esprit, estimant que vous serez bien ayse de les voir.

---

(1) M. Gaye, compatriote de Baluze et de du Verdier.

(2) Louis Muguet, avocat et banquier expéditionnaire en cour de Rome; il devint aveugle. Baluze lui donna par testament 6,000 livres payables deux ans après son décès. Louis Muguet était fils de l'imprimeur de Baluze.

XXXVI

A Paris le 6 decembre 1692.

J'ay esté bien ayse d'aprendre par vous mesme, Monsieur, que vous estes arrivé à Tulle en bonne santé et que vous avez trouvé toute vostre famille aussy en bonne santé.

J'ay prié M. l'abbé Boyer d'achetter l'esmeraude dont vous m'avez escrit (1). Quand il aura fait cette emplete, si je ne trouve pas de voye plus prompte, je le prieray de vous la faire tenir.

Je vous envoyay samedy dernier la consultation de M. Noüet.

M. Jayac (2) m'a asseuré qu'il avoit fait ce qui dependoit de luy pour ce qui regarde l'affaire dont vous l'avez chargé, et que dès qu'elle sera consommée il m'en donnera avis.

Je vous ay déjà escrit que vostre ballot devoit partir de Paris le 19 du mois passé. Il doit estre présentement bien près de Limoges.

M. Gaye partit lundy dernier. Il emporte les estuys, *le Cuisinier et le Jardinier François* et six canons de syringue, comme j'ay eu l'honeur de vous le mander. Vous prendrez, s'il vous plaît, la peine de les retirer de ses mains. Vous sçavez que ces canons sont pour mon frère.

Je vous prie de bien recommander à ma fillole de se bien gouverner, principalement sur cette fin de sa grossesse.

J'ay dit à Mesdemoiselles Villault (3) que vous estiez arrivé en bonne santé, mais fort fatigué.

Je vous baise très humblement les mains, et suis, Monsieur, vostre très humble et très obeissant serviteur.

E. Baluze.

---

(1) L'émeraude était destinée à Louise Baluze, nièce de l'historien et belle-sœur de du Verdier.

(2) M. Jayac appartenait à une famille limousine.

(3) M. Villault, financier, ami de Baluze.

XXXVII

A Paris le 13 décembre 1692.

J'ai receu, Monsieur, vostre letre du 4 de ce mois, ensemble celles qui y estoient jointes pour M. Jayat et pour M. Jaucen (1), et la petite bague de corne.

J'ay incontinent envoyé la sienne à M. Jayat. Il vous fait response. Je fairay tenir à M. Jaucen la sienne.

Pour la bague, je crois qu'elle sera inutile. Car je ne doute pas que M. l'abbé Boyer n'aye fait l'emplete de l'esmeraude. Toutefois je la luy envoyeray. Mais il a fait icy un si mauvais temps depuis jeudy au soir que je la receus qu'il n'a pas esté possible de l'envoyer. Adjoutez à cella que les douleurs qui me vinrent au bras gauche sur le temps de vostre départ me reprirent la nuit du jeudy au vendredy, et que je fus obligé de me lever et de passer la nuit à me promener dans ma chambre. Mais hyer matin je fis rapporter ma chaise de commodité, et je n'ay pas esté incommodé depuis, et ay très bien dormy la nuit passée.

Je vous envoyay samedy dernier la consultation de M. Noüet pour M. Rabanide (2).

Je ne crois pas qu'il vous faille encore presser de m'envoyer de l'argent pour payer vostre taxe que je n'aye veu M. Le Verrier. Ce que je fairay incessament, s'il plait à Dieu.

Comme j'inscrivois cecy, M. l'abbé Boyer est entré dans ma chambre, qui m'a dit que l'esmeraude que vous aviez veüe avec M. son frère s'estoit trouvée venduë, et qu'il en achetera une autre. Je luy ay baillé la mesure.

M. l'abbé Boyer m'a dit que M. Sandrier luy a dit ce matin que M. de Vernéjoux faisoit expédier la charge de Maire en

(1) Compatriote de Baluze.
(2) Compatriote de Baluze.

son nom, mais qu'il ne croyoit pas qu'on le luy accordat et qu'il y trouvera des difficultés.

Il m'a dit aussy que la Mairerie de Brive n'estoit pas encore vendue, mais que M. le duc de Chartres l'avoit demandée pour M. Dubois, qui doit partir d'icy dans quinze jours, et pourra emporter l'esmeraude.

Je n'ay pas encore veu M. l'abbé de Louvois ny la gent Villaultique. Je les verray incessament, et fairay envers eux ce que vous m'avez ordonné.

Lorsque je fairay tenir vostre letre à M. Jaucen, je luy certifieray que j'ay les deux billets dont vous m'insinuez.

Madame Roussel est charmée de la bonté que vous avez euë de m'escrire d'elle aux termes que vous l'avez fait. Elle vient de me prier de vous en remercier.

Je fairay vos baisemains à M. l'abbé Galloys (1) et autres.

Je n'escris pas à mon frère, parce que je n'ay rien à luy escrire. Je vous prie, Monsieur, de luy faire mes baisemains et à tout le reste de la famille.

Je suis, Monsieur, vostre tres humble et tres obeissant serviteur.

E. Baluze.

Je suis bien marry de la mort de M. Courreze. Il faisoit honeur à ce chapitre.

XXXVIII

A Paris le 20 décembre 1692.

J'ai receu la letre de change que vous m'avez envoyée : de laquelle je ne presseray pas le payement, tant pour les

(1) L'abbé Jean Gallois, protégé de Colbert, ami de Baluze, rédacteur du *Journal des Savants*, professeur de langue grecque au collège de France, membre de l'Académie française, secrétaire de l'Académie des inscriptions et belles-lettres.

raisons que je vous ay déja escrites, qu'à cause du rabais des espèces.

J'ay parlé à M. Le Verrier, qui m'a dit qu'il n'y avoit pas encore d'estat signé, et que vous n'aviez rien de pressé pour vostre payement, et qu'il donneroit les ordres nécessaires pour que vous ne soyez pas inquiété. Au cas qu'on vous pressat, vous pouvez dire cela au presseur. C'est un mot nouveau, qui n'est pas dans le dictionnaire de l'Académie françoise.

Pour le surplus des 300 livres il ne sera pas employé pour l'achapt de l'esmeraude. Car je la payeray entièrement.

J'ay fait dès lundy dernier ce que vous m'aviez escrit touchant les dates. Mais cella sera bien inutile, voyant ce que vous m'aviez escrit par le dernier ordinaire.

Je vous prie de faire mes baisemains à ma fillole. Je crois que cella suffit pour response à la lettre qu'elle a pris la peine de m'escrire. J'ay beaucoup d'impatience d'apprendre qu'elle est accouchée heureusement (1). Je suis, Monsieur, de tout mon cœur vostre très humble et très obeissant serviteur.

E. Baluze.

Je viens de recevoir tout à l'heure, à onze heures, la boette des trufes. Elles ne paroissent pas gastées. Néantmoins j'en ay rompu plusieurs, et elles se cassent facilement. Je ne sçay si elles seront bonnes lorsqu'elles seront cuites. Je crois que lorsque vous voudrez en envoyer une autre fois, il faut les mettre dans un panier avec une toille par dessus, et les prendre les plus fraisches, et les faire bailler à Brive au messager de Toulouse, qui vient en dix jours au plus tard de Brive à Paris.

Je vous diray samedy prochain si celles cy se sont trouvées bonnes.

XXXIX

A Paris le 27 décembre 1692.

Vous m'avez bien réjouy, Monsieur, en m'aprenant que ma fillole estoit accouchée heureusement d'un beau garçon, et

(1) L'accouchement avait eu lieu le 18 décembre.

que vous m'aviez fait l'honeur de m'en faire le parrin. C'est de quoy je vous remercie de tout mon cœur. Il faut bien prendre soin de ce petit enfant, qui vous doit estre bien cher, et à moy aussy. Si Dieu me faisoit la grace de parvenir jusques au temps qu'il sera grand, je crois que j'aurois bien du plaisir de le voir. Il est le maistre.

J'oubliay la semaine passée de vous faire les baisemains de M. Fage (1), qui s'en est allé en Suède avec M. le comte d'Avaux (2). Cella a esté fait sans aucune sollicitation de M. Fage, qui n'y pensoit pas, et avec des agrémens pour luy qui doivent le contenter et ses amys. Car M. le comte d'Avaux le prend auprès de luy comme un homme de confiance. Il n'y sera pas trompé.

M. Myrat m'a dit que Madame avoit demandé avec beaucoup d'empressement à M. le comte d'Avaux de prendre pour son secrétaire le fils de M. Bonnet que vous appelez, si je ne me trompe, de Chasseline (3), qui se mesle d'escrire. Il est déja parti avec le bagage quelque temps avant M. Fage. Ils se verront à Stokolm.

J'ay encore parlé à M. Le Verrier, qui m'a asseuré qu'il avoit donné les ordres nécessaires pour que vous ne soyez pas inquiété.

M. l'abbé de Louvois (4) vous remercie de vos truffes, et m'a chargé de vous faire ses compliments sur la naissance de vostre biau fils. M. Hersant (5) m'a fait la mesme prière,

---

(1) M. Jean Fage avait épousé Catherine Baluze, cousine germaine de l'historien et sœur d'Antoine Baluze qui fut d'abord attaché à Louis XIII et joua plus tard un rôle important à la cour du roi de Pologne. De ce mariage naquirent : 1° François, 2° Jean-Baptiste, 3° Antoine, 4° Catherine, 5° Marie. Antoine Fage, garde du corps, fut institué légataire universel par Jean-Casimir Baluze, son cousin, envoyé extraordinaire de France à la cour du Czar.

(2) Ambassadeur de France à Stockolm.

(3) De Bonnet de la Chassenitte (et non de Chasseline), né à Ussel, avocat en parlement, secrétaire de l'ambassade de France à la cour de Suède, est l'auteur d'un ouvrage intitulé : *Discours d'éloquence sur divers sujets*, imprimé en 1695 à Paris chez Antoine Fournat, in-18.

(4) L'abbé Louvois, fils du célèbre ministre de Louis XIV, membre de l'Académie française.

(5) Marc-Antoine Hersant, professeur adjoint au collège de France, né à Compiègne en 1652.

et dit que c'est à présent qu'on peut dire véritablement *Et Baluziolos gaillarda e gente nepotes.*

Toute la famille Villaultique vous fait aussy ses complimens au suject de cet enfant.

Les trufes que j'ay données à M. Villault se sont trouvées eschauffées, et ainsy on n'a peu les manger. Je ne m'en estonne pas, car elles n'avoient pas d'air, et ont esté longtemps en chemin.

M. l'abbé de Louvois dit que les siennes estoient bonnes. Mais j'ay bien peur que ce soit un effect de son honesteté ordinaire.

M. Jayat ne se soucie pas de la prévosté dont vous m'avez escrit, parce qu'il appréhende qu'elle ne vaille pas tout ce que vous dites. Il voudroit bien que vous taschassiez de sçavoir les preuves que l'indultaire qui le précède est remply.

Madame Villault prétend que vous luy avez promis des pois de Monsalin (1).

Je vous souhaite par avance une bonne année, et suis toujours, Monsieur, vostre très humble et très obéissant serviteur.

E. Baluze.

XL

A Paris le 3e janvier 1693.

On se seroit mesconté, Monsieur, si on avoit conté sur les miracles de ma chaire. Elle n'en sçait faire qu'un. Encore est-ce bien assez.

Je ne suis pas surpris que ma fillole soit fort incommodée de son lait. Cella est assez ordinaire. J'espère que par le premier ordinaire j'aprendray qu'elle est guérie.

Pour mon fillol, qu'on dit estre si beau, j'appréhende que suivant la relation que vous me faites de son grand appetit, il luy faudra peut estre 300,000 vaches pour l'alaicter, comme à Pantagruel. Ce qui seroit d'une très grande despense.

---

(1) Domaine de M. Melon du Verdier.

J'ay fait voir à M. l'abbé de Louvois et à M. Hersant, qui me vinrent voir avant hyer au soir, la letre de mon frère au suject de la beauté de cet enfant. M. Hersant a repeté ce beau vers *et Baluziolos gaillarda e gente nepotes.*

Dans la vérité les trufes que je donnay à M. l'abbé Louvois se sont trouvées bonnes. Il vous en remercie derechef. Il fit présent des plus belles à Madame sa mère.

M. Jayat me dit jeudy dernier, qu'il vint céans, qu'il avoit touché les 90 livres dont il vous a escrit, mais il ne me les a pas encore portées. Je luy envoyay hyer vostre letre. Je n'en ay pas eu de nouvelles depuis.

A mon esgard, je jouis de 300 livres de Beauvais. Le payement en est à la vérité un peu retardé. Mais il vient. Au lieu que si j'avois le bénéfice dont vous me parlez auprès de Tulle, je n'en tirerois rien, et outre cella il me faudroit payer les charges.

J'insinuais hyer un billet à M. Le Verrier, qui me manda par Louis (1) que je ne me misse pas en peine de ce que je luy escrirois. De sorte que si M. Hemard vous demandoit quelque chose, je crois que vous luy pourriez dire que vous m'avez envoyé de quoy payer icy, et que M[rs] les traitans sont contents de moy.

La perte que vous avez faite de M. Maillard n'est pas considérable. Ainsy je n'entreprendray pas de vous en consoler.

Il faut se donner la patience nécessaire pour le régistre du procès de 1454. Je n'en suis pas pressé, et en cas de besoin je m'en pourroy mieux passer que de pain. Je vous suis pourtant bien obligé, Monsieur, de la peine qu'il vous plaît d'y prendre, et vous en remercie.

Je verray M. Baluze sur l'affaire de M. de Masmaury (2), mais je ne sçay plus ce que c'est.

Je ne sçay pas où loge M. de la Condamine ; je m'en informeray, si je m'en souviens.

J'envoyeroy vostre letre à Lyon.

(Sans signature).

---

(1) Louis Muguet.

(2) M. Forest de Masmaury avait épousé Peyronne Baluze, cousine de l'historien. Il avait, sans doute, des difficultés avec son beau-frère Jean-Calmine Baluze, prêtre de Saint-Sulpice.

XLI

Ce 3e janvier 1693.

Après avoir envoyé mes letres à la poste, Monsieur, après estre revenu de vespres, à cinq heures du soir, pour mieux dire, j'ay receu les deux billets de M. Le Verrier cy-joints, que j'ay creu à propos de vous envoyer (1). Il vous en coustera double port.

Je suis, Monsieur, vostre très humble et très obéissant serviteur.

E. Baluze.

XLII

A Paris le 10 janvier 1693.

La nouvelle de la meilleure santé de ma fillole m'a bien donné du plaisir. Mais il me fasche d'apprendre qu'elle est affligée de la sciatique. Toutefois ce n'est pas un mal dangereux, quoyqu'il soit douloureux. Je voudrois pouvoir luy envoyer ma chaise. Car je crois qu'elle est bonne pour cella. Mais il y a un peu trop loin d'icy à Tulle.

Pour Monsieur mon fillol, je suis bien ayse d'aprendre qu'il croit en vertu et qu'il sçait déja faire ce que le bon Pantagruel faisoit dans un aage plus avancé. *Diou lou fasso creysse.*

Pour respondre à ce que vous m'avez escrit, Monsieur, au

(1) Voici un des billets de M. Le Verrier :

A 2 heures.

Si M. Hemart est si hasté d'aller, voicy, Monsieur, de quoy l'arrester. A chaque jour suffit sa peine. Vous le savez bien. Quand il sera temps de fondre la cloche, et de finir, alors nous parlerons des grosses dents. Laissons toujours passer devant les plus pressés. Je suis, Monsieur, vostre très humble et très obéissant serviteur.

Le Verrier.

sujeet de M. l'Evesque de Tulle (1), je vous diray franchement à ma manière qu'ayant pris soin de me procurer sa connoissance après qu'il fut nommë à son Evesché, et ayant esté bien traité d'abord, je m'estois facilement persuadé dans la pensée où je suis qu'un Evesque ne se faira jamais de tort d'estre de mes amys, et sçachant d'ailleurs que beaucoup de gens constitués en un plus haut rang, en plus grande dignité et auctorité que luy ne se croyoient pas deshonorés en faisant profession d'amitié avec moy, je m'estois, dis-je, facilement persuadé qu'il m'honoreroit toujours de ses bonnes graces. Mais depuis plus de dix ans il a tellement changé à mon esgard qu'il n'a laissé eschaper aucune occasion où il aye peu marquer son chagrin contre moy, qui ne luy en avois donné aucun sujeet. Néantmoins, puisque vous estimez qu'il ne tiendra qu'à moy de bien vivre avec luy, et que vous croyez que les discours qu'il vous a tenus de moy tendent à cella, je vous diray que je receuvray en grace l'honeur qu'il me faira de me rendre son amitié, et que je luy fairay voir en toutes rencontres que c'est de bonne foy que je veux estre son serviteur. Sur tout, il faut de la bonne foy de part et d'autre.

M. Muret m'a escrit que les ballots des pois estoient partis de Limoges le 2 de ce mois. Je ne manqueray pas d'exécuter ponctuellement ce que vous m'escrivez au sujeet de M. Villault.

Je vous ay mandé, Monsieur, les raisons qui m'obligeoient à ne demander pas le payement de la letre de change que vous m'avez envoyée. Présentement que les espèces sont fixées, j'en demanderay le payement. L'argent sera céans en aussy grande seureté qu'ailleurs.

M. Jayac m'a remis les 90 livres. Mais comme ce payement a esté fait à la fin de l'année passée, il y a 27 livres 6 deniers à perdre pour celluy à qui cette somme estoit deuë.

Je voudrois bien que ma fillole eut gardé pour elle les napes et les servietes qu'elle m'envoye. Nous en trouvons icy pour de l'argent. Cella marque son affection.

Il faudroit tascher de sçavoir sans bruit les raisons des pré-

---

(1) Mgr Humbert Ancelin.

tendants au prioré de la Saulière, et si le second pourveu en cour de Rome veut soustenir son droit. Car M. l'abbé Boyer m'a dit qu'il s'en estoit désisté.

J'ai envoyé votre letre à Lyon.

(Sans signature).

XLIII

A Paris le 24 janvier 1693.

Je receus jeudy dernier les pois et les fromages que vous m'avez envoyés, le tout bien conditionné. Et sur l'heure j'envoyay les pois et un fromage à Madame Villault suivant vos ordres. Je ne l'ay pas veuë depuis. Je ne doute point que demain matin on ne me charge du remerciement.

J'ay aussi receu les servietes que ma fillole m'a envoyées, et les confitures, qui sont très bonnes, et qui se sont bien conservées. Je vous prie, Monsieur, de l'en bien remercier de ma part.

Je payeray à M. Boyer les 85 l. 15 s. dont vous m'avez escrit.

Il n'est pas extraordinaire que mon fillol crie toutes les nuits. Ce sont les tranchées qui sont cause de cette belle musique. Madame Roussel, qui a eu bien des enfants, et estoit femme d'un chirurgien, dit qu'il faut luy mettre sur le nombril un emplastre de thériaque, et l'y laisser jusques à ce qu'il tombe de luy mesme. Vous verrez ce que vous aurez à faire.

J'envoyay lundi dernier à M. Jaucen la letre que vous m'aviez adressée pour luy, laquelle j'avois oubliée. J'iray chez luy luy demander des nouvelles de votre quittance.

Je parleray à M. Villault du mémoire que vous luy avez laissé.

Je suis toujours, Monsieur, votre très humble et très obéissant serviteur.

E. Baluze.

Madame Roussel trouve ses sabots bien propres, et vous en remercie. Mais elle trouve qu'ils sont trop eschancrés au dessus du pied. On a bien de la peine à contenter les femmes.

XLIV

A Paris le 31 janvier 1693.

Je diray à M. Jayac ce que vous m'avez fait l'honeur de m'escrire, Monsieur, au suject des actes qu'a faits à M. de Tulle celluy qui porte l'indult de M. de Montagnac.

J'ai bruslé le billet que vous m'avez escrit touchant la letre jetée au feu.

Je vous prie de faire mes excuses à ma fillole si je ne responds pas à sa lettre qui regarde la permutation de M. Jayac. Les choses ne sont plus au mesme estat puisqu'il y a un indultaire antérieur qui s'en mesle.

Les prétendans au prioré de la Saulière sont un nommé Daniel pourveu par les Jésuites le 9 novembre 1691, Sapientis pourveu par le Pape le 15 décembre, et le neveu du défunct pourveu aussy par le Pape le 22 dudit mois de décembre. Mais on me dit que ce dernier s'est désisté, et qu'il y en a encore un pourveu par le Roy. Il faudroit sçavoir, si on le pouvoit, sur quoy se fondent les pourveus en cour de Rome et par le roy contre le pourveu par les Jésuites.

Je dis un de ces jours à M. l'abbé Boyer que je luy payerois les 85 l. 15 s. Je crois avoir oublié de vous mander que j'avois receu les 306 l. 5 s.

(Sans signature).

XLV

A Paris le 7 fevrier 1693.

J'ay receu ce matin le panier des trufes bien conditionné. Elles se sont bien conservées. Je pense qu'il n'y en a eu que deux de gastées. J'ay incontinent envoyé les plus belles à M. l'abbé de Louvois, qui ne manquera pas de me charger à la première occasion de ses remercimens envers vous. Cependant je vous en remercie en mon particulier, Monsieur.

J'ay remis ces jours passés à M. Jaucen vos deux billets de M. Dufresnoy (1), comme vous me l'aviez ordonné.

Je ne crois pas que les bruits qui courent touchant vos taxes doivent vous effrayer après la letre de M. Le Verrier. Cella n'empeschera pas que je ne le voye encore.

Je ne sçay si je vous ay escrit que les dames Villault vous remercient bien fort de vos pois et de votre fromage. Elles n'ont pas encore mangé du fromage. Mais elles ont trouvé les pois fort bons.

Je ne trouve pas estrange que mon fillol soit fort gras. C'est que toute la nourriture qu'il prend se convertit à son profit. Cella mesme semble marquer qu'il a une bonne et forte constitution.

Je vous prie, Monsieur, de faire mes baisemains à ma fillole, et de croire tous deux que je suis très sincèrement vostre très humble et très obeissant serviteur.

E. Baluze.

XLVI

A Paris le 14 fevrier 1693.

Je payay hyer à M. l'abbé Boyer les 85 l. 15 s. dont vous m'aviez escrit.

Puisque mon fillol ne veut pas souffrir les remedes, il faudra qu'il se donne la patience d'attendre que ses tranchées soient passées. Ce qui sera bientôt, à ce que je crois et souhaite.

Je vous ay déja escrit, Monsieur, que j'avois remis à M. Jaucen vos deux billets de M. Dufresnoy. Je fairay parler à M. Sandrier. Car il n'est pas juste que vous perdiez ce qui vous est deu légitimement. Quand je verray M. Villault, je luy demanderay s'il est vray que les Maires ne se doivent pas mesler

(1) Dufresnoy, fils d'un secrétaire de M. le duc Claude de Saint-Simon, fut un des commis les plus accrédités de Louvois, qui créa pour sa femme la charge de dame du lit de la reine.

de la cotisation des tailles. Mais peut estre n'en sçaura il pas plus que moy, attendu que c'est M. de Caumartin qui a fait cette affaire.

Je crois que Mademoiselle Louise (1) doit avoir receu présentement son esmeraude.

M. l'abbé de Louvois et M. Hersan m'ont prié de vous remercier de vostre bon souvenir et de vos trufes. Elles estoient bonnes. Mais elles se passent.

M. de Tulle (2) est louable de vouloir assister les pauvres si utilement qu'il veut luy seul donner autant que le reste de la ville. C'est une bonne qualité en un Evesque de faire l'aumosne. Saint Paul la requiert en un Evesque comme une chose necessaire.

Je vous prie, Monsieur, de faire mes baisemains à ma fillole et de croire que je suis vostre très humble et très obeissant serviteur.

E. Baluze.

XLVII

A Paris le 21 fevrier 1693.

Dimanche dernier M. Desaguets estant venu voir M. Villault pendant que j'estois avec luy, je le priay de luy parler de vostre taxe. Ce qu'il fit incontinent, et très bien. M. Desaguets faisoit le difficile. Mais M. Villault luy dit qu'il falloit qu'il vous quittat pour 400 livres, et M. Villault me dit *repetitis vicibus* devant luy que c'estoit une affaire reglée; et M. Desaguets n'y contredit jamais. De sorte que je compte vostre affaire reglée. Il n'en faut pourtant pas parler, s'il vous plait, non pas mesme à M. de Lacombe. Je prendray mon temps pour faire ce payement. Je n'ay pas encore dit

(1) Louise Baluze, belle-sœur de Melon du Verdier, nièce de Baluze.

(2) Mgr Humbert Ancelin. (Voir ce que Baluze dit de ce prélat dans sa lettre du 10 janvier 1693).

aux dames que vous avez receu les sabots. Ce sera pour demain, s'il plait à Dieu.

Il faut guerir le rhume de mon fillol. Cette sorte de denrée n'est pas bonne pour un enfant. Je vous prie de faire mes baisemains à sa mère.

J'ay apris avec plaisir la manière dont M. de Tulle en a usé pour les pauvres, et je sçay très mauvais gré à ceux qui veulent plus sçavoir que luy de ses intentions sur ce suject.

Je ne vous ay rien répondu sur le secours que vous m'aviez demandé pour les pauvres, parce que je n'ay pas d'argent présentement. Lorsque j'en auray, ce qui sera apparament dans le mois prochain, je vous le fairay sçavoir. Cependant je vous prie de n'en point parler.

(Sans signature).

XLVIII

A Paris le 28 fevrier 1693.

J'eus l'honeur de vous rendre compte samedy dernier de ce qui s'estoit passé au suject de votre taxe. J'ay veu depuis M. Villault qui m'a asseuré que je ne devois pas douter qu'elle ne fut reglée de la manière que je vous l'ay escrit.

Paradini memoriæ nostræ (1) est un livre très commun et à très bon marché. Je vous remercie néantmoins, Monsieur, de vostre bonne volonté. Cella me marque que vous voudriez trouver de meilleures occasions à me faire plaisir.

Je suis bien aise que Louise soit contente de son esmeraude. Elle m'a paru bien jolie.

Je crois, Monsieur, qu'il ne faut plus vous donner la peine d'envoyer des trufes. Elles sont passées, et bien noires.

J'envoyeray vostre mémoire à Lyon. Mais je ne scay pas

(1) Guillaume Paradin écrivit et publia une histoire contemporaine en latin, sous ce titre : *Memoriæ nostræ libri quatuor*, à Lyon, chez J. de Tournes, 1548, in-f°.

si M. Rigaud y trouvera bien son compte. En tout cas vous aurez fait ce que mon frère a souhaité de vous.

On me dit hyer que M. de La Fontaine, auteur des fables, estoit mort avant hyer (1).

Le bruit a couru ces jours passés que l'abbé Boileau prédicateur estoit mort (2). Mais cella ne c'est pas trouvé vray.

Madame de Trainel a esté conduite en prison.

M. Vedeau de Gramont, conseiller au Parlement, des folies duquel vous avez sans doute oüy parler lorsque vous estiez icy, fut arresté au faubourg Saint-Marceaú le 31 janvier, et conduit à la Conciergerie. On travailla à son procès extraordinairement. Les conclusions de M. le Procureur général sont à la mort. Et le jour qu'il les donna, il envoya à neuf heures du soir à la Conciergerie pour faire conduire le prisonnier dans la tour de Mongommeri. On le fit lever de son lit, et on le conduisit là en chemise, et il y passa toute la nuit couché sur la paille. Cella a fort estonné sa femme, qui avoit conservé sa fierté jusques à ce jour là, et menassoit publiquement ses ennemys, mesme les juges, à ce qu'on dit. *Sic se habent res humanæ.*

Mes baisemains à ma fillole et à Monseigneur son fils, que Dieu veuille conserver longuement et heureusement.

Je suis toujours, Monsieur, vostre très humble et très obeissant serviteur.

E. Baluze.

XLIX

A Paris le 7 mars 1693.

Je suis bien ayse, Monsieur, que vous n'ayez pas envoyé des trufes. Car elles se seroient aussy bien gastées en chemin, à cause du temps qu'il fait.

---

(1) Dans la lettre suivante Baluze apprend à son neveu que la nouvelle du décès de La Fontaine est controuvée; le célèbre fabuliste ne mourut que le 13 avril 1695.

(2) L'abbé Jacques Boileau, docteur en Sorbonne, frère de Nicolas Boileau-Despréaux, auteur de plusieurs ouvrages sur l'histoire et la discipline ecclésiastiques.

Il y a longtemps que j'ai eu l'honeur de vous escrire que j'avois remis à M. Jaucen les billets de M. Dufresnoy. Je luy en envoyeray demander des nouvelles.

Je vous ay aussy rendu compte de l'estat de vostre taxe. Je communiqueray vostre mémoire touchant vostre dette de Brunie à M. Villault, et le prieray de m'y donner ses avis et ses amys. Je vous en rendray compte en suite. Je luy parleray aussy du mémoire que vous luy baillastes en ma présence.

La nouvelle de la mort de M. de La Fontaine s'est trouvée fausse.

Jaques Aymar (1) et sa baguette ont perdu icy leur réputation. Mercredy de la semaine avant cellecy il y eut un homme tué de 18 ou 20 coups d'espée dans la ruë St-Denys. M. le Prince, qui a Jaques Aymar chez luy, envoya prier M. le Procureur du Roy de faire l'essay de la vertu de la baguette en cette occasion. Ce qui fut fait. Il passa deux fois sur le sang, où il y avoit asseurement bien des corpuscules, puisque la chose estoit toute fraische. Cependant il n'y vit que de l'eau claire. M. le Procureur du Roy le mena en suite par les ruës où les meurtriers avoient passé, et enfin dans la ruë où ils estoient. Car des mouchards les avoient suivis, et on sçavoit où ils estoient. Ce que Jaques Aymar ne sceut jamais deviner. M. le Prince, M. le Prince de Conty, M. le Duc de Roquelaure, et autres y estoient présents. Je ne sçay pas comment les philosophes de Lyon expliqueront cella. Mais on dit icy que Jaques Aymar s'excuse sur ce que ce n'estoit pas un assassinat, mais une rencontre. Meschante excuse, à mon avis, qui ne sçais rien de la philosophie des corpuscules.

Vous ne m'avez pas escrit ce qui s'est passé depuis la requisition de la trésorerie faite par celluy qui porte l'indult de M. de Montagnac. Je vous prie de vous en souvenir.

(Sans signature).

---

(1) Paysan du Dauphiné qui se rendit célèbre par sa baguette divinatoire.

L

A Paris le 14 mars 1693.

J'oubliay par le dernier ordinaire de vous envoyer l'étymologie de la Bitarelle, que j'ay trouvée dans un glossateur du Sexte, ou du sixième livre des Decrétales. C'est *Blasius Aurioli Doctor Tolosanus,* qui fit imprimer en 1523 la glosse de Guillelmus de Montebauduno, et y fit quelques additions, et dans une de ces additions, fol. 130, il dit : *Plures domus vocatæ vulgariter habitarellæ fuerunt demolitæ de tempore meo auctoritate justiciæ prope Tolosam ex eo quod in illis habitabant latrones et aggressores itinerum, quarum domini eorum erant receptatores. Qui enim delinquentes receptant, quandoque amissione domus in qua eos receptarunt puniuntur.*

Par où vous voyez bien clairement, Monsieur, qu'il ne faut pas escrire la Bitarelle, mais l'Habitarelle. Passons à autre chose.

Je verray M. Des Aguets pour vostre affaire. Mais je ne crois pas qu'il faille se tant presser de payer, et qu'il faudroit attendre que l'estat fut arresté. Je demanderay pourtant à M. Villault son avis sur la conduite que je dois tenir.

M. Le Verrier me vint voir un de ces jours. Mais je ne voulus pas luy parler de ce qui avoit esté fait avec M. Des Aguets. Je verray encore ce que M. Villault me dira sur cet article.

Je suis fasché de ce que M. le Lieutenant général et M. le Maire se brouillent, mais encore plus de ce que M. de Lacombe y est meslé, selon ce qu'on m'a dit. Ces sortes d'assemblées et d'attroupemens ne sont pas défendus. Et ainsi le réquisitoire et l'ordonnance marquent de l'animosité.

J'ay oublié d'envoyer chez M. Jaucen. Je le fairay sans faute incessament.

La proposition que vous m'avez escrit pour communiquer à M. Jayac ne peut pas réussir par son moyen. Car il ne connoit pas M. de Laleu (1). Ainsy je ne luy en ay pas parlé.

---

(1) M. de Laleu appartenait à une famille d'Uzerche.

Je suis bien ayse d'aprendre que mon fillol se porte bien, et sa mère aussy. Je luy baise les mains, et suis, Monsieur, vostre très humble et très obeissant serviteur.

E. Baluze.

Il a neigé plusieurs fois cette semaine, mais en petite quantité. Il neigea pourtant hyer assez honestement, et encore cette nuit. Cella est bon pour les biens de la terre. Car on apprehendoit bien pour les bleds et pour la vigne si la pluye et le temps doux eussent duré plus longtemps.

LI

A Paris le 21 mars 1693.

Vostre taxe, Monsieur, est reglée à 400 livres et les deux sols pour livre, c'est à dire 440 livres. M. Le Verrier, que je vis hyer, me dit que c'estoit la plus basse de tout le royaume. Après les festes je tascheray de finir cette affaire.

J'envoyay vostre paquet à M. Jaucen incontinent après que je l'eus receu. Il luy fut donné en main propre.

Mon fillol faira parler de luy, s'il continuë à croistre et grossir. On pourra le monstrer icy à la foire St-Germain pour gagner de l'argent.

Il neigea encore icy grandement dimanche dernier. Il pleut encore un peu depuis. Mais généralement il a fait un temps raisonable le reste de la semaine, quoyqu'il n'aye pas esté beau.

Mon frère me charge de vous remercier de sa part de la peine que vous avez prise de luy escrire au suject de la charge d'advocat du Roy. Et sur ce que je luy avois escrit l'avanture arrivée à Paris à Jaques Aymar dans la ruë St-Denys, dont il avoit fait lecture à M. de Lagarde (1), il m'escrit que M. La-

(1) M. de Lagarde était d'une famille tulliste.

garde luy a respondu qu'il y a des jours auxquels un bon chien de chasse ne sçait ou ne peut chasser, et que ledit Jaques Aymar ayant esté mené à la Bibliothèque du Roy, il a descouvert quantité de pièces d'or et d'argent que plusieurs personnes curieuses avoient caché dans divers volumes pour expérimenter son sçavoir faire. Ce qui est très faux. Car il n'a pas esté une seule petite fois à la Bibliothèque du Roy.

Je suis, Monsieur, vostre très humble et très obeissant serviteur.

E. Baluze.

LII

A Paris le 28 mars 1693.

Je receus mercredy dernier par la poste la letre que je vous envoye, Monsieur. Ce bon père m'a aussy escrit pour me prier de luy faire tenir vostre response. Ce que je fairay lorsque vous me l'aurez envoyée.

M. Jayac auroit intérest d'avoir copie des actes qui ont esté faits à M. de Tulle touchant la Trésorerie. C'est ce que je vous prie de faire si cella se peut. Cella est de conséquence pour M. Jayac.

Je seray bien ayse de scavoir l'estat du prioré de la Saulière pour prendre les mesures convenables.

J'ay déja eu l'honeur de vous escrire, Monsieur, que vostre paquet à M. Jaucen luy avoit esté rendu en main propre.

Jaques Aymar s'en est retourné mescontent de Paris, à ce qu'on dit. On a imprimé depuis peu à Paris un gros livre in-12° pour justifier sa vertu occulte pour descouvrir les meurtriers et choses volées. A la fin on adjoute que M. Geoffroy ancien eschevin de Paris, c'est un apothicaire, a chez luy un garçon qui sans baguette, par le seul mouvement de la nature, descouvre l'or et l'argent, et qu'il en a fait plusieurs expériences. Il est vray qu'il en a fait à la Bibliothèque du Roy. Mais il y a aujourdhuy trois semaines qu'il y eut à la

Bibliothèque du Roy un grand concours de curieux pour luy voir faire une semblable expérience.

Mais M. l'abbé Galloys s'y trouva malheureusement pour luy. Car il prit luy-mesme le soin d'enfouir dans la terre dix louis d'or sans que personne peut appercevoir où il les mettoit. En suite il appelle le Devineur, qui devina qu'il estoient où ils n'estoient pas, et ne peut pas deviner où ils estoient, quoyqu'il passat plusieurs fois par dessus. Il se fait bien des tours de passe passe en ces occasions lorsqu'il n'y a pas des gens faits comme M. l'abbé Galloys.

J'ay parlé à M. Villault de l'affaire que vous sçavez. Il m'a dit qu'il l'avoit encore proposée, mais qu'on l'a encore rejettée, et que la raison de cella est qu'on veut voir premierement que toutes les charges des greffiers des tailles soient vendues, et qu'il y en a encore deux tiers à vendre.

Je ne crois pas qu'on ait bien fait de porter mon fillol au tour des Eglises. Je souhaite que ce voyage ne luy aye pas fait de mal. Mes baisemains à sa mère, s'il vous plait. Et me croyez toujours, Monsieur, vostre très humble et très obeissant serviteur.

E. Baluze.

LIII

A Paris le 23 may 1693.

Je vous envoyay samedy dernier l'avis de M. Villault touchant vostre taxe pour les francsfiefs.

Hyer je rencontray M. l'abbé Boyer, qui me dit que vous luy en aviez escrit. Et comme je sçay qu'il est de vos amys, je luy dis l'estat de la question et de quelle conséquence il vous estoit d'assoupir l'affaire de la quittance de 1676.

Je m'informeray si les dixmes inféodées sont sujettes aux francsfiefs.

Je ne sçay pourquoy on vous demande des extraits de vos provisions pour la mareschaussée. Je ne vois pas que cella puisse rien produire aux traitans. Et je crois qu'ils doivent représenter l'ordre du Roy qui l'ordonne.

Je rencontray hyer M. Brossard, qui me dit que M. Barrat (1) partoit demain pour aller en Limousin. En vérité il m'a bien negligé depuis vostre despart. J'avois creu qu'après la manière honeste dont j'en avois usé envers luy, il se rapprocheroit de moy. Cependant je n'ay eu aucunes nouvelles de luy depuis ce temps là, et il ne m'a pas mesme fait sçavoir qu'il s'en allat. Cella marque qu'il ne fait pas beaucoup d'estat de mon amitié. Il faudra que je m'en console.

M. l'abbé Boyer m'a dit qu'il avoit envoyé la grisette (2) à ma fillole. Je luy ay demandé l'estat de la despense. Il m'a promis de me le porter. Je luy baise les mains, et suis toujours, Monsieur, vostre très humble et très obéissant serviteur.

E. Baluze.

LIV

A Paris le 30 may 1693.

Je n'ay rien de nouveau à vous dire sur vos affaires, Monsieur, que ce que j'ay déjà eu l'honeur de vous escrire, et qu'il seroit plus expédient de finir cette affaire sur les lieux avec le secours de M. de Lacombe.

Lorsque j'auray receu les sabots, je ne manqueray pas d'exécuter ponctuellement ce que vous m'avez fait l'honeur de m'escrire sur ce suject.

Je n'ay pas eu le loisir de m'informer du motif pour lequel on a demandé des extraits de vos provisions de la mareschaussée. Je m'en informeray.

Je vous ay entretenu bien des fois de la mésintelligence qui est entre mon frère et ses collegues, et vous ay tesmoigné que j'aurois bien souhaité qu'elle peut finir par un accommode-

(1) MM. Brossard et Barrat étaient originaires de Tulle.
(2) Vêtement en étoffe grise.

ment entre eux. Car elle luy donne asseurement bien du chagrin et luy attire beaucoup d'ennemys. La solidité qu'on prétend exercer contre luy pour les 800 livres est une malheureuse suite de cette mésintelligence et de l'aggrégation. Je ne connois pas ceux qui ont ce party. Mais le fils de M. Villault s'est chargé fort honestement de leur parler pour mon frère. Vous verrez par le billet cy-joinct en quel estat est cette affaire. Il ne faut pas que mon frère se presse de payer. Car apparament entrecy et samedy prochain nous aurons le remede necessaire.

Pour ce qui est de mon voyage en Limousin, je ne sçaurois le faire, parceque M. l'Archevesque de Roüen (1) estant obligé de faire sa résidence à Paris pendant toute cette année, il ne seroit guere honeste que j'abandonnasse sa bibliotheque luy estant icy.

Il est vray qu'un plaisir vault bien peu s'il ne vault qu'on le demande. Mais il faut certaines dispositions à cella qui ne se rencontrent pas dans l'affaire présente. Outre que ce Monsieur voulant un plaisir de moy, il semble que je dois aussy attendre qu'il me le demande.

Je suis toujours, Monsieur, vostre très humble et très obeissant servitenr.

E. Baluze.

LV

A Paris le 6 juin 1693.

M. Jaucen m'a remis vostre quittance pour vos augmentations de charges de 1690, que j'ay baillée à M. Villault fils, lequel s'est chargé d'en parler à M. Sandrier. Je vous en rendray compte dès qu'il luy aura parlé.

Je viens de recevoir tout à l'heure une lettre du R. P. Bri-

(1) Jean-Nicolas Colbert, fils du célèbre ministre, membre de l'Académie française, héritier de la bibliothèque de son père.

vazac (1) par laquelle il me donne avis que le ballot que vous luy avez envoyé est party de Clermont le 30° du mois passé, et qu'il doit arriver à Paris le 8° de ce mois. Lorsque je l'auray receu, j'executeray vos volontés.

M. Jayac vous remercie de l'avis que vous luy avez donné de la vacance du prioré de Floirac, et des offres que vous luy faites. Il l'a requis icy luy mesme de l'Evesque, parlant à luy. Cella fut fait mardy soir. M. Ceaux luy en avoit aussy escrit.

Puisque mon frère se trouvera absent à l'arrivée du courrier, je n'estime pas qu'il y ait aucun inconvénient que vous ouvriez son paquet.

La chose est au pied de la letre comme je vous l'ay escrit touchant M. Barrat.

A l'esgard de M. de la Bachelerie, dont vous sçavez, Monsieur, que je vous avois fait des plaintes, l'aisné s'est avisé de me saluer depuis peu lorsqu'il me rencontre. Dont je suis bien ayse. Lorsque la familiarité se sera un peu mieux renoüée, je luy demanderay honestement comment et pour quelle raison il s'estoit divisé de moy. Car je ne le sçay pas.

(Deux lignes déchirées).

E. Baluze.

LVI

À Paris le 18° juillet 1693.

Je n'entreprendray pas de vous consoler, Monsieur, sur la perte que vous avez faite, ayant autant besoin de consolation que vous dans cette conjoncture (2). Je vous diray seulement que je ne doute aucunement que vostre douleur ne soit bien grande, connoissant la bonté de vostre naturel et la droicture de vostre esprit. Il ne faut pas, s'il vous plait, que cette mort

---

(1) Le R. P. Brivazac était allié à la famille Baluze; Jean, fils de Pierre Baluze du Maine, avait épousé Marie-Françoise de Brivazac.

(2) Perrine Baluze, femme de Melon du Verdier, était décédée le 6 juillet, à l'âge de 30 ans.

nous désunisse. Nous vivrons comme auparavant sans aucun changement. Vous n'en esprouverez point de ma part, comme je suis asseuré que je n'en esprouveray point de la vostre. Il nous reste désormais à bien prendre soin de mon fillol, lequel je vous recommande ; et je supplie Mademoiselle vostre mère de le vouloir aymer et cherir comme son propre fils, ainsy que je fais bien estat qu'elle le faira. Je ne vous en diray pas davantage pour cette fois, si ce n'est pour vous asseurer que je suis toujours, Monsieur, vostre très humble et très obeissant serviteur.

E. Baluze.

LVII

A Paris le 1er aoust 1693.

Je vous prie, Monsieur, d'estre bien persuadé une fois pour toutes que je n'ay pas prétendu et ne prétends pas que la mort de ma fillole nous désunisse. J'ay trop d'interest de me conserver l'honeur de vostre amitié que j'estime plus que je ne vous le dis.

M. Jayac se reconnoit beaucoup vostre obligé des soins que vous avez pris de ses affaires et de la bonne conduite que vous y avez tenuë. Il attend le reste de vostre négociation.

J'ay payé les 440 livres de vostre taxe, et en ay retiré une quittance du caissier de ces Mrs suivant l'usage. M. Villault m'a dit qu'il falloit la garder icy pour s'en servir lorsqu'on faira l'estat de modération. Je la garderay donc. Mais je crois que je la garderay sans grand besoin. Car on a marqué sur le régistre cette modération, dont les commis s'estonnoient beaucoup, et on a retenu le billet de M. de Laistre qui l'a fixée.

Nous reglerons nos comptes après que je vous auray remboursé les 100 livres que vous avez avancé pour moy. Ainsy je vous prie, Monsieur, de les prendre là bas de M. de Poyssac (1) ou autre, et je les payeray icy sur vostre billet.

---

(1) M. de Poissac, descendant d'une famille noble du Limousin.

Je vous recommande de bien prendre soin de vostre santé et de mon fillol, et de bien prier Mademoiselle vostre mère de luy donner ses soins maternels, quoyque je sois bien asseuré qu'elle n'a pas besoin d'en estre sollicitée. Elle doit compter qu'elle n'avoit qu'un fils, et qu'elle en a asteure *(sic)* deux, dont vous estes l'aisné.

Je suis toujours, Monsieur, vostre très humble et très obeissant serviteur.

E. Baluze.

J'ay oublié de vous bien faire les compliments de Mr Villault et de toute sa famille sur la disgrace qui vous est arrivée. Ils m'en ont tous chargé bien expressément.

J'ai osté l'envelope de la letre de mon frère, afin que le paquet ne fut pas si gros.

LVIII

A Paris le 22 aoust 1693.

Vous me faites justice, Monsieur, d'estimer que je suis réel et effectif, principalement à vostre esgard, pour qui j'ay conceu beaucoup d'estime. Vous pouvez estre asseuré que je fairay toujours avec plaisir ce que je pourray faire pour vostre satisfaction. J'ay déja parlé de la proposition que vous m'avez faite à M. Hersan en présence de M. l'abbé de Louvois. Et je suis persuadé que s'il descouvroit quelque occasion favorable, il s'y employeroit de bon cœur. J'en parleray à Mrs Jayac, Villault et à d'autres. Je vous prie de n'en pas douter. M. l'abbé Antelmi n'est pas à Paris. Mais il y sera dans le mois prochain ou dans le suivant.

Je ne suis pas surpris que M. de Tulle n'ait pas pensé à me rendre visite au suject de la mort de ma fillole. Ses veuës ne vont pas fort loing.

Mon frère s'est plaint à moy de ce que dans cette occasion M. Barrat, qui avoit tesmoigné vouloir bien vivre avec luy, ne luy a donné aucune marque de la part qu'il prenoit dans son affliction.

Il se plaint aussy de ce que M. le curé de Saint-Julien et M. le curé de Lagarde son frère, pour lesquels il a eu tant d'attachement, ne luy ont pas dit un seul mot ny chez luy ny ailleurs sur le suject de la mort de sa fille.

Comme mon frère m'escrit ces choses de luy à moy, ne faisant pas estat que cella aille plus loing, je vous prie, Monsieur, de ne luy en rien tesmoigner. Je vous en escris en amy.

Mon frère m'escrit que vous luy avez tesmoigné que M. Darche (1) s'esloignant de Louise, vous aviez remarqué que Louise estimant M. de Chaunac (2), elle ne le rebuteroit pas. Je n'ay pas suject d'estre content du père, et ne connois pas le fils. Néantmoins j'en ay entendu dire du bien, et qu'il estoit bien fait. S'il y avoit lieu d'y réussir, je n'y fairois pas de difficulté. Car je voudrois voir Louise establie, et j'ay de la peine à consentir à la laisser à M. Melon (3), qui n'a pas de bien. Vous verrez ce qui se peut faire en cette occasion.

Nos comptes sont aysés à faire. Car je crois qu'avec les 89 livres 6 s. de M. Jayac j'ay de l'argent de reste. Si vous aviez avancé les 100 livres il faudroit asteure *(sic)* vous les rendre. Nous compterons une autre fois plus à nostre ayse. Rien ne se gaste là dessus.

Mon frère m'escrit que mon fillol a deux nourrisses. Cella ne peut que luy estre nuisible, à cause du combat des deux laits. Il faudroit tascher de le faire contenter d'une, et suppléer plustost l'autre par quelqu'autre chose.

On ne payera pas les augmentations des gages des mareschaussées que l'estat ne soit fait. Ainsy il n'y a rien de pressé pour m'envoyer vostre quittance.

(Sans signature).

---

(1) M. Darche, de Tulle, avait recherché la main de Louise Baluze, nièce de l'historien.

(2) M. de Chaunac appartenait à une ancienne famille des environs de Tulle.

(3) M. Melon, parent de Melon du Verdier, était de Tulle.

LIX

(Sans date. Derniers mois de 1693.)

Je receus mercredy dernier la boette des trufes et tout incontinent je les donnay de vostre part à M. l'abbé de Louvois, qui se trouva par hazard à Paris. Car il fait présentement son séjour ordinaire à Meudon. Il m'a chargé de vous en bien remercier. Mais, Monsieur, lorsque vous m'envoyerez quelque chose, ne vous avisez plus d'en payer le port. Il faut me laisser ce soin, s'il vous plait.

Enfin M. Jayac a sceu que la provision du resignataire de Floirac est du 19 juin. Et ainsy il n'a plus rien à craindre. Il me dit ces jours passés qu'il vouloit vous escrire. Je ne scay pas s'il m'envoyera aujourdhuy quelque billet ou letre.

J'ay receu aussy l'acte de l'an 1376 et le testament de M. de Glenic, dont je vous remercie.

En travaillant à la généalogie de MM. de Cosnac, j'ay trouvé que MM. de Fenis sont leurs parens assez proches par Honorée de Maynard femme de Mre Pierre de Fenis, laquelle estoit tante à la mode de Bretagne de M. l'Archevesque d'Aix.

. . . .

Mon frère m'a escrit ce qui s'est passé au suject de la nourrisse de mon fillol. J'espère que Dieu nous le conservera (1).

LX

A Paris le 18 septembre 1694.

J'ay oublié de vous dire, Monsieur, que je parlay il y a quelque temps à M. Lizineau de l'affaire que vous savez. Il s'en souvient fort bien, mesme du nom de la personne qui fut conservée. Il me dit que l'affaire avoit esté faite fort honestement et qu'il ne luy en avoit rien cousté.

(1) Partie de cette lettre est déchirée.

Je vous remercie, Monsieur, de toutes les peines que vous vous donnez pour ma satisfaction. Vous me fairez plaisir de m'envoyer toutes les copies que vous avez pris la peine de faire lorsque vous en trouverez l'occasion.

J'ay fait response au R. P. Pradillon, et la luy ay adressée à Bourdiaux.

Il est vray qu'en ces temps là *Sororius* signifie beau frère, comme le R. P. Pradillon vous l'a dit. Voyez t. Ier des *Vies des Papes d'Avignon*, p. 1227. J'ai eu l'honeur de vous mander que j'avois envoyé à M. l'abbé Boyer une livre et demy de nonpareille de Verdun pour le s^{r} Mimy, auquel je baise les mains, et suis toujours, Monsieur, vostre très humble et très obeissant serviteur.

E. Baluze.

LXI

A Paris le 2 octobre 1694.

J'ay remis à M. Jayac l'estat des revenus et des charges de Saint-Salvadour. Les charges excessives luy font peur. Néantmoins il y pensera, et me dira qu'elle est sa résolution : J'auray en suite l'honeur de vous en escrire.

Je ne crois pas que M. Lizineau fasse de mystère de l'affaire de M. Delpy, puisque sur la curiosité que j'ay euë de luy en demander des nouvelles, il n'a pas hésité à me dire ce qu'il en sçavoit et ce que j'ay eu l'honeur de vous en escrire. Et puisqu'il ne m'en a pas fait de mystère, il faut bien que son correspondant ne luy ait pas recommandé le secret. Car si on le luy avoit recommandé, il est trop discret et trop sage pour le révéler. Cella estant ainsy, il faut présumer que son correspondant a bien voulu qu'on sceut la conduite qu'il avoit tenuë pour la réussite de cette affaire. Voilà, Monsieur, tout ce que je sçaurois vous dire sur ce suject.

Mes baisemains à Mimy, et à vous aussy, Monsieur, de qui je suis très humble et très obeissant serviteur.

E. Baluze.

LXII

A Paris le 27 novembre 1694.

Je n'ay receu aucunes trufes ny par le courrier ny par le messager. Il n'est pas mesme fort nécessaire de m'en envoyer. Je m'en passe très bien. J'ayme mieux des chataignes que cella. Je vous remercie pourtant, Monsieur, du soin que vous avez pris de m'en faire tenir.

Je vous prie de dire à M. Delpy que je tascheray de voir l'homme dont il me parle dans sa letre, et qu'après cella j'auray l'honeur de luy faire réponse.

Je fus mercredy dernier chez M. l'abbé de L... pour voir si on me diroit quelque chose sur l'affaire que vous scavez. Le lendemain M. Hersan me vint voir. Je luy en demanday des nouvelles. Il me dit que non seulement M. de Reims (1) ne luy avoit pas parlé, comme M. Jaucen m'avoit fait entendre qu'il le vouloit faire, mais mesme qu'on ne scavoit pas où aboutiroit cette affaire, et que M. de Reims n'en parloit pas. Je suis asseuré que s'il en parle à M. Hersan, il y faira son devoir. Et s'il vous proposoit à M. l'abbé (2), je suis aussy asseuré que M. l'abbé n'y formeroit pas d'opposition. Il faudra voir ce qui en réussira.

Je suis surpris que vous n'ayez pas encore receu le tafetas de ma niepce ny la nonpareille de Mimy. J'espère que j'aprendray aussitost la reception du bourlet (?) et des livres de dévotion.

Je suis toujours, Monsieur, vostre très humble et très obeissant serviteur.

E. Baluze.

Depuis cecy escrit, on m'a rendu les trufes du messager, environ cinq ou six livres, toutes pourries. Ainsy je vous prie de n'en plus envoyer. Je vous en ay autant d'obligation que si elles estoient bonnes. Il en est bien dommage, car elles estoient fort belles.

---

(1) Louvois, frère du ministre, archevêque de Reims.

(2) L'abbé de Louvois, fils du ministre, neveu et secrétaire de l'archevêque de Reims.

LXIII

A Paris le 11 décembre 1694.

J'ay veu ces jours passés M. Lizineau, et luy ay remis devant les yeux ce qu'il m'avoit dit dernièrement sur ce suject. Il ne le désavoua pas. Mais il me dit qu'il y avoit dix ans de cette affaire et qu'il ne pouvoit pas se souvenir de tout ce destail. Voilà tout ce qu'on tirera de luy, comme il m'a paru. Il m'a dit qu'il avoit receu plusieurs letres de part et d'autre, qu'il voyoit bien qu'il y avoit de l'animosité, mais qu'il ne vouloit point entrer là dedans d'un costé ny d'autre. Je crois que c'est tout ce que vostre amy demande.

M. l'Archevesque de Reims ne s'explique pas sur l'affaire que vous sçavez, et M. l'abbé n'en sçait pas plus que moy. Je le verray régulièrement une fois la semaine pendant que cella durera, afin de le tenir toujours dans la bonne disposition où il m'a paru jusques à présent.

Scaramouche (1) mourut icy soudainement lundy dernier à dix heures du soir, dans la rue Tiquetonne, paroisse Saint-Eustache. Il fut enterré dans l'eglise Saint-Eustache, derrière la chaire du prédicateur, mercredy. Son enterrement fut magnifique.

Je suis bien ayse que vous soyez toujours bien content de Mimy, et suis toujours, Monsieur, vostre très humble et tres obeissant serviteur.

E. Baluze.

LXIV

A Paris le 12 fevrier 1695.

A ce que je vois, Monsieur, il en est de mesme du froid et de la neige à Tulle qu'à Paris, où nous avons eu beaucoup de neige ces jours passés et une froideur extreme. Hyer le dégel

---

(1) Tiberio Fiorelli, acteur napolitain, se rendit célèbre à Paris dans le rôle de Scaramouche.

commença et continuë encore aujourdhuy, mais bien petitement.

Je vous prie de remercier M. Gaye de la bonté qu'il a de me vouloir donner des copies des titres qui me manquent pour le seminaire.

Je n'ay pas peu voir M. Lizineau cette semaine. Je tascheray de le voir après les jours gras.

Je souhaite à Mimy qu'il croisse toujours en beauté et en agrémens, et suis toujours très véritablement, Monsieur, vostre très humble et très obeissant serviteur.

E. Baluze.

LXV

A Paris le 5 mars 1695.

Le gruau que vous me faites la faveur de m'envoyer, Monsieur, n'est pas encore arrivé. On m'a fait espérer qu'il pourra arriver aujourdhuy.

J'ay veu M. Liz... qui m'a dit qu'il avoit esté encore deux fois chez M. B... sans le trouver, et qu'il n'a pas pensé depuis à cette affaire. A ce que je peux comprendre, il ne s'en veut plus mesler, et ne s'expliquera pas plus qu'il a fait. Je l'ay mesme confirmé dans cette pensée. Et je pense que c'est tout ce que vous demandez. S'il y a autre chose à faire de ma part, je le fairay de bon cœur. Je vous prie d'en asseurer vostre amy.

Je vous remercie, Monsieur, de la copie du contrat de mariage de Louise de Juyé. Cella ne s'accorde pas avec celluy qui est inséré dans l'enqueste de M. de Lestang évesque de Carcassonne. Toutesfois il faut préférer la vérité.

Madame Villault a trouvé bon le gruau que vous luy avez envoyé.

Il est dommage de la mort de M. Ceaux. Il estoit honeste homme et de bonnes mœurs. Il faisoit honeur à cette compagnie.

Si Mimy sçavoit les Ordonnances, il ne fairoit pas la procession. Car par les Ordonnances tous attroupemens et assemblées extraordinaires sont défendus. Il faut l'en advertir, afin qu'il ne s'attire pas des affaires fascheuses.

Hyer après diner j'assistay à des thezes de droit canon et civil que le fils de M. Brousse soustint pour estre bachelier. Il respondit fort bien. Je dis à son père de l'exhorter à bien estudier et à se bien appliquer à sa profession. Il a la physionomie heureuse et a de l'esprit.

Je suis toujours, Monsieur, vostre tres humble et tres obeissant serviteur.

E. Baluze.

Comme j'achevois d'escrire cette letre, et après l'avoir signée, on m'a porté la boette de gruau. Je vous en remercie.

LXVI

A Paris le 20 aoust 1695.

J'avois creu et le crois encore, qu'ayant à traiter avec M. Jaucen, lequel estant fermier général, est assez occupé pendant le jour hors de son logis, vous fairiez bien d'accepter l'offre qu'il vous faisoit de vous loger chez luy. Mais puisqu'il n'a pas de quoy vous loger, vous viendrez, s'il vous plait, Monsieur, occuper l'appartement que vous occupiez céans la dernière fois que vous avez esté à Paris. Il sera prest à vostre arrivée. Je seray bien ayse qu'auparavant vostre despart, vous finissiez l'affaire de Mayne (1).

Vous m'avez fait plaisir, Monsieur, de m'escrire qu'avant vostre despart vous tascherez de mettre l'affaire de la maison en estat d'estre reglée. Je le souhaite beaucoup. Mes baisemains à Mimy.

Je n'ay pas ouy parler de l'affaire de M. Delpy depuis le voyage que M. de Lacombe, M. de Mensac et moy fimes chez M. Lizineau.

Je suis toujours, Monsieur, vostre très humble et très obeissant serviteur.

E. Baluze.

(1) Le domaine du Maine, qui a donné son nom à une branche de la famille Baluze, était en contestation entre les héritiers d'un cousin et le frère d'Etienne Baluze.

LXVII

A Paris le 28 avril 1696.

J'ay receu vostre letre du 19 de ce mois, Monsieur, et la coeffure que vous m'avez adressée. Je l'ay portée le mesme jour à Madame Villault, à laquelle j'ay fait voir vostre letre. Elle ne m'a pas encore envoyé l'argent. Je luy en parleray à la première occasion, et encore de celle de Madame de Maupeou (1).

J'ay envoyé vostre letre à Dieppe (2).

J'escris à mon frère au suject de ses procès. Il est très constant que Mrs de Lamore (3) en ont très mal usé et qu'ils ont fait une très grande sottise en dégradant Maine. Toutefois s'ils veulent réparer à mon frère le dommage qu'ils y ont fait, je trouve qu'il seroit bon de terminer cette affaire par un accommodement, pourvu qu'il fut bien seur, et qu'on marquat dans la transaction que mon frère s'est relaché d'une bonne partye de ses prétentions pour le bien de paix et en considération de la proximité dont les enfants de feu M. Baluze de Mayne l'attouchent.

Je suis, Monsieur, vostre, etc. E. Baluze.

LXVIII

A Paris le 19 may 1696.

Je vous envoye, Monsieur, la response que M. l'abbé Le Feuvre syndic de la faculté de théologie de Paris et professeur royal en théologie m'a faite sur les demandes de M. de la Peirouse, que je vous renvoye.

J'ay payé à M. l'abbé Guibert les 14 l.

Ces petites sommes que j'ay receües depuis peu pour vous,

(1) Femme de M. Maupeou, maître des requêtes et plus tard premier président.

(2) Cette lettre était, sans doute, adressée à Mlle Angélique de Levrye qui se trouvait à Dieppe en avril et mai 1696 (Voir la lettre de Mlle de Levrye, du 26 mai 1696, en note à l'Introduction).

(3) Pierre Baluze du Maine avait épousé Marguerite de Lamorre. M. de Lamorre administrait les biens de ses neveux après la mort de leur père.

Monsieur, et les payements que j'en ay fait me font souvenir que cy devant j'ay receu pour vous des sommes plus considérables, dont j'ay donné mes recepissés, et neantmoins vous ay envoyé toutes vos descharges, sans que j'aye rien pour justifier que j'en ay vuidé mes mains. C'est pourquoy je vous prie de m'envoyer une quittance suivant le project cy joint (1), que vous corrigerez, Monsieur, aux endroits que vous estimerez en avoir besoin.

Mme Villault ne m'a pas parlé de la dentelle.

Mlle Angélique est de retour icy depuis quelques jours. Je luy ay fait vos compliments. Elle vous en remercie, et me prie de vous asseurer toujours de son très humble service.

Je n'ay eu aucunes nouvelles de vous touchant le procès de la maison (2). Je vous prie de me faire scavoir si vous y avez avancé quelque chose.

M. de la Bruyère de l'Académie française est mort icy soudainement. M. l'abbé Fleury aura cette place, à ce qu'on dit.

J'estime que M. M... aura été satisfait de la nouvelle procuration que j'ay envoyée, puisque je l'ay envoyée telle qu'il l'a demandée.

Je vous prie d'asseurer de mes respects M. Mimy et de me croire toujours, Monsieur, vostre très humble et très obeissant serviteur.

E. Baluze.

---

(1) Projet de quittance :

« Je soussigné Charles Antoine Melon s^{r} du Verdier, conseiller du Roy au Présidial de Tulle, declare que M. Estienne Baluze, professeur royal en droit canon en l'Université de Paris, m'ayant rendu compte de diverses sommes de deniers qu'il a receu pour moy en divers temps à Paris, soit en vertu de letres de change, ou autrement, et justifié de l'employ qu'il en a fait à mon profit, je l'en descharge par le présent escrit, et reconnois qu'il n'a plus rien à moy. Fait à Tulle le jour du mois de may mil six cent quatre-vingt-seize. »

On lit au bas, écrit de la main de M. du Verdier . « Envoyé à Paris en bonne forme le 25e may 1696 à M. Baluze. »

Au dos, de la main de Baluze :

« Il court un bruit fascheux du grand dictionnaire,
Qui malgré ses auteurs et leurs soins importants
Doit bien alarmer le libraire.
L'on dit que pour le vendre il faudra plus de temps
Qu'il n'en a fallu pour le faire.

» C'est en faveur du Dictionnaire de l'Académie françoise. »

(2) Le procès relatif au domaine du Maine.

LXIX

A Paris le 26 may 1696.

Je m'imagine que Mimy a traité ses amys avec les deux soles que vous luy avez données et qu'il leur a fait bonne chere. J'en suis bien ayse.

Vous me ferez plaisir, Monsieur, de vous souvenir des extraits du livre d'Aymar [.....].

J'ay bien du chagrin du peu d'espérance que vous me donnez de voir la fin du procès de Mayne. Il faut prendre patience. Cependant je vous prie, Monsieur, de ne vous pas rebuter.

Je ne comprens rien dans la conduite de M. Melon (1). Il faut le laisser faire. Si Louise nous avait voulu laisser faire, nous ne serions pas dans cet embarras. Ainsy va le monde. *Sibi imputet.*

Madame Villault m'a prié de vous remercier de vostre dentelle. Elle ne m'a dit que cella.

J'escris à M. le Doyen l'entretien que j'eus hyer avec M. le Procureur général du grand conseil.

Je suis toujours, Monsieur, vostre très humble et très obeissant serviteur.

E. Baluze.

LXX

A Paris le 2 juin 1696.

Je plains les enfants de feu M. Baluze de Mayne de ce qu'ils ont un si meschant conseil (2). Mais je plains encore plus mon frère d'estre dans la nécessité de playder avec eux. Dieu veuille y mettre la main.

A l'égard de l'affaire de L... (3) je vous ay dit, je crois, Monsieur, quelles étoient mes pensées là dessus. Elle est à plaindre, mais non pas tant neanmoins qu'une autre, parce-

(1) Prétendant à la main de Louise Baluze.
(2) M. de Lamorre.
(3) Louise Baluze.

qu'il y a beaucoup de sa faute. J'ay fait tout ce qu'on a souhaité de moy et plus que je ne devois faire.

Je vous remercie de la descharge que vous m'avez envoyée. Elle m'estait d'autant plus necessaire que je ne garde pas les letres que vous me faites l'honeur de m'escrire.

Je vous ay déja rendu compte de ce que Madame Villault m'a dit touchant la dentelle.

J'ay rendu vostre letre à Mademoiselle Angélique, qui vous salue très humblement.

En regardant ces jours passés dans le livre de Mr de Latour intitulé *Institutio Tutellensis Ecclesiæ* (1), j'y ay trouvé au chapitre 12, un acte qui m'a eschapé dans les extraits que j'ay faits du cartulaire de Tulle. Le feuillet n'y est pas marqué. Mais en parcourant avec un peu d'application le cartulaire, vous le trouverez facilement. Il y a en titre, si M. de Latour l'a bien mis, ALIA. Et en suite, *cùm certa mors maneat et nemini parcat*, etc. Et, après quelques lignes de préface : *Ob hoc igitur ego in Dei nomine Geraldus de Avalena volens pergere Hierusalem.* Je voudrois avoir une copie de cet acte, non pas tel qu'il est dans le livre de M. de Latour, où je suis asseuré qu'il y a des fautes, mais comme il est dans l'original. Et il faut prendre garde qu'asseurement il n'y a pas *Liphardi* dans l'original (2).

Je rencontray un de ces jours M. Bonnet, qui me dit que sur ce qu'il avoit escrit à M. Delpy qu'ayant consulté icy son affaire avec Mrs Noüet, Vezin et autres, qui y trouvoient de la difficulté, et que c'estoit une affaire à accomoder. M. Delpy lui avoit escrit en suite que vous, Monsieur, estant de retour, vous termineriez cette affaire. Je vous prie de vous en souvenir.

Je suis toujours votre très humble et très obeissant serviteur et à Mimy.

E. BALUZE.

---

(1) « Institutio Tutellensis Ecclesiæ, ab eaque directæ, quæ beatæ » Mariæ Rupis-Amatoris est, quibus inter Galliarum cœteras tempo- » rum series debet vere primas. Auctore Bertrando de Latour, Doc- » tore theologo, ac ejusdem Tutellensis Ecclesiæ Decano. — Tutellæ, » apud viduam Jacobi Vachot, 1633. »

(2) Cette donation de Gerald d'Avalène à l'abbaye de Tulle n'a pas été reproduite dans l'appendice de l'*Histoire de Tulle* de Baluze.

LXXI

A Paris le 16 juin 1696.

Je vous prie, Monsieur, de dire à M. le Doyen que je fus hyer chez M. le Procureur general du grand conseil. Mais je trouvay qu'il estoit à la campagne. J'y retourneray la semaine prochaine.

J'ai envoyé vostre letre au R. P. Pradillon. Il se porte bien. M. l'abbé de Larue (1) prescha aux Feuillans mardy dernier. Je ne le sceu que le lendemain. Si je l'avois sceu, je n'aurois pas manqué de l'aller entendre ; mais je ne le sceus que mercredy.

Je suis bien ayse que Mimy m'envoye des baisemains. Je l'en remercie de tout mon cœur, et suis toujours, Monsieur, vostre très humble et très obeissant serviteur.

E. Baluze.

LXXII

A Paris le 30 juin 1696.

J'eus l'honeur de vous rendre compte samedy dernier de l'affaire que vous avez commise à M. Le Maire (2).

Je vous suplie, Monsieur, de remercier Madame de Bonneval de l'honeur qu'elle me fait de se souvenir de moy. Pour les dames Villault, la cadette fut bien malade dernierement. Mais elle se porte bien présentement. Elle sont toutes à Gerville.

Mr Barrat me vint voir avant hyer. Cette visite ne se passa pas sans parler de vous, Monsieur.

---

(1) L'abbé Charles de Larue, jésuite, orateur et poète latin, prononça avec un certain éclat les éloges funèbres du duc de Bourgogne et du maréchal de Boufflers.

(2) Gendre de l'imprimeur Muguet.

Mr Lambert (1), si fameux pour la musique, fut enterré avant hyer au soir dans l'Eglise des Petits Pères nos voisins, auprès de Mr Lully son gendre.

On parle fort à Paris de la paix de Savoye. Mais il y a bien des gens qui ne la croyent pas ; et ce qu'il y a de vrai est qu'avant hyer M. de Barbezieux envoya quérir ceux qui ont les vivres d'Italie, et leur donna des ordres fort pressants.

M. l'archevesque de Reims donna il y a huit jours une chanoinie dans sa catédrale à M. Jayac qui ne quittera pas pour cella Paris.

Je suis toujours, Monsieur, vostre très humble et très obeissant serviteur.

E. Baluze.

LXXIII

A Paris le 7 juillet 1696.

Ce n'est pas pour moy, Monsieur, que je vous ay demandé une garniture (2). Si c'avoit esté pour moy, je vous l'aurois escrit d'abord. C'est pour un de mes amys, qui ne la prendroit pas sans argent. Ainsy il faut, s'il vous plait, me faire scavoir à qui est ce que vous voulez que je baille les 24 livres après que je les auray receües.

Je vous supplie de terminer, s'il se peut, l'affaire de la maison.

Je ne manquerai pas de faire à l'égard des dame Villault ce que Madame de Bonneval m'ordonne.

Je vous baise les mains, Monsieur, et à Mimy, et suis à tous deux solidairement votre très humble et très obeissant serviteur.

E. Baluze.

---

(1) Célèbre musicien, beau-père de Lully, né à Vivonne, près de Poitiers.

(2) Ouvrage en dentelle. (Voir notre notice sur *Le Point de Tulle*).

LXXIV

A Paris le 28 juillet 1696.

Je receus la garniture lundy dernier, et dez le jour mesme je la remis à la personne qui me l'avoit demandée, laquelle en fut fort contente.

J'ay baillé les 24 livres à M. l'abbé Guibert qui m'a dit que vous lui en aviez escrit.

Vous me ferez plaisir, Monsieur, de finir l'affaire de la maison (1), car je voudrois bien voir mon frère en repos.

L'affaire de la ville avec M. l'Evesque ne prendra pas si tost fin. Il faut la rapporter devant le Roy, et il faut que ce soit le secrétaire d'Estat qui a ce département qui la rapporte. Or, M. de Croissy (2) est extremement malade, et je ne scay pas mesme si à l'heure que je parle il n'est pas mort. Quoy qu'il en soit, soit qu'il en eschappe, soit qu'il en meure, cette affaire ne peut pas estre si tost rapportée. Car s'il vit, il faudra premièrement songer à restablir sa santé. Et s'il meurt, M. son fils aura les affaires plus pressantes et plus importantes, que le rapport de l'affaire de Tulle, et ainsy il ne pourra pas y travailler si tost.

Je suis toujours, Monsieur, votre très humble et très obeissant serviteur.

E. Baluze.

LXXV

A Paris le 4 aoust 1696.

M. de Croissy mourut samedy dernier à dix heures du soir. M. de Torcy son fils (3), qui estoit receu en survivance, a esté

(1) Le procès relatif au domaine du Maine.

(2) Charles Colbert, marquis de Croissy, frère du ministre Colbert, secrétaire d'Etat, était mort le 26 juillet 1696. (Voir la lettre suivante).

(3) Jean-Baptiste Colbert, marquis de Torcy, fils du marquis de Croissy, secrétaire et grand-trésorier d'Etat, remplaça son beau-père, M. de Pomponne, au ministère, fut élu membre de l'académie des sciences en 1718.

très bien traité du Roy, qui luy a donné la charge de trésorier de l'ordre, un brevet de retenüe de 300,000 livres sur cette charge, et un brevet de retenüe de 500,000 livres sur celle de secrétaire d'Estat. Il a 31 ans. Et à cause de ce qu'il est trop jeune, il n'entrera pas sitost dans le conseil. Mais M. de Pomponne rapportera les affaires dans le conseil, et portera en suite les ordres du Roy à M. de Torcy pour faire les expéditions, et sera présent aux audiences que M. de Torcy donnera aux Ambassadeurs. Son mariage avec Mademoiselle de Pomponne, qui a beaucoup de beauté et de mérite, est conclu et signé, et je crois qu'ils espouseront au commencement de la semaine qui suivra après la prochaine.

Je vis hyer au soir M. l'abbé de Croissy. Mais comme c'estoit une visite de compliment, je ne luy parlay pas des brouilleries de Tulle (1). Mais je luy montreray au premier jour vostre letre. J'en parleray aussy à M. de Torcy lorsque je pourray le joindre. Je voulay le voir hyer, mais il estoit sorti.

Je crois qu'on fera jeudy prochain le service de M. de Croissy, dont on a enterré le corps à St-Eustache auprès de celuy de M. Colbert. Dieu leur fasse paix et miséricorde.

(Sans signature).

LXXVI

A Paris le 11 aoust 1696.

Le retardement que M[rs] de ville avoient apporté a escrire leurs plaintes à la cour et la diligence de M. de Tulle, au contraire, ont causé, et avec raison, une très grande prévention dans l'esprit de M. de Ponchartrain (2) et de M. de Torcy.

---

(1) Des difficultés étaient survenues entre l'évêque et le Corps de Ville de Tulle.

(2) Louis Phélypeaux, comte de Ponchartrain, contrôleur général des finances, plus tard chancelier.

J'ay fait ce qui a peu dépendre de moy pour effacer cette prévention, quoy qu'on ne m'en aye pas prié, et tascheray de rendre à mes concitoyens les services que je pourray en cette occasion. J'ay fait donner à ces M[rs] des copies de vostre letre.

Vous devez avoir receu le bref de penitencerie dont vous estiez en peine.

Mr de Croissy mourut samedy, comme je vous le manday. On fit son service à Saint-Eustache jeudy dernier, très magnifique, et où il y avoit une très belle et très nombreuse compagnie. Je n'en ay jamais veu de plus belle.

M. de Torcy espousera lundy prochain Mlle Félicité de Pomponne, qu'on dit estre bien faite. On luy prépare son appartement à l'hostel de Croissy. Son carosse avec ses armes est déja fait. Dieu veuille par sa sainte grace benir ce mariage.

Je remercie Mimy de l'honeur de son souvenir, et suis, Monsieur, votre très humble et très obeissant serviteur.

E. Baluze.

Je ne doute pas que M. l'abbé de Larue ne rende à Mrs du Chapitre un compte exact de ce que j'ay fait pour parvenir à l'homologation de leur transaction avec M. l'Evesque. Elle fut examiné hyer chez M. le Procureur général du grand conseil, en sa présence, où nous estions aussy avec M. Evrard et un substitut de M. le Procureur général. Il me semble que l'affaire est en bon train. Ma recommandation auprès de M. le Procureur général n'y a pas nuy.

LXXVII

A Paris le 25 aoust 1696.

Je vous ay déja prié, Monsieur, de remercier de ma part Messieurs du Chapitre de la faveur qu'ils m'on faite, et vous en prie encore.

Je vous escrivis samedy dernier pour vous prier de m'envoyer encore une garniture. Mesdemoiselles Villault me dirent hyer qu'elles vous prieroient de leur en envoyer aussy encore une, et qu'elles m'envoyeroient leur letre ce matin. Si cella est, il faudra, Monsieur, que vous m'en envoyez encore deux, dont il y en aura une pour elles. Et il me faudra, s'il vous plait, faire sçavoir en mesme temps s'il faudra en remettre le prix à M. l'abbé Guybert.

J'envoyay il y a huit jours copie de vostre letre à M. le duc de Beauviller (1), à M. de Pomponne, et à M. le Pelletier (2).

J'en envoyay aussy une copie à M. Mignon. Je sers en cella des gens qui ne m'en sçauront guère gré. Mais la chose est si criante que je ne puis m'empescher de m'y interesser, quoyque je n'en sois pas...... car mesme M. Jaucen ne m'est pas venu voir.

On n'a pas pris soin de me faire tenir la letre de Mimy, quoyqu'il se fut donné la peine de la porter luy mesme à la poste. M. Jayac dina un de ces jours céans. Nous beusmes à vostre santé et à celle de Mimy. Voyez s'il n'est pas bien heureux de ce qu'on boit à sa santé si jeune.

Je suis toujours, Monsieur, vostre très humble et très obeissant serviteur.

E. Baluze.

Vous avez oublié l'acte d'Avalena (3).

Depuis cecy escrit j'ay receu Mesdemoiselles Villault, qui m'ont prié de vous escrire de n'envoyer pas présentement la garniture dont je vous ay parlé de leur part, mais de leur faire sçavoir si vous voulez qu'elles vous envoyent du fil plus fin pour en faire une plus belle. Je vous prie donc, Monsieur, de me faire response à cet article. Il faut cependant m'envoyer celle que je vous demanday la semaine passée.

---

(1) Président du conseil des finances, gouverneur du duc de Bourgogne.

(2) Successeur de Colbert au ministère des finances, auteur d'ouvrages de droit canonique, de droit ecclésiastique et de droit ancien.

(3) Voir la lettre du 2 juin 1696.

LXXVIII

A Paris le 6 septembre 1696.

M. Villault fils m'a demandé ce matin qu'elle response vous m'aviez faite, Monsieur, sur celle que je vous avais faite de sa part. Je luy ay redit ce que vous m'avez fait l'honeur de m'escrire. Je persiste toujours dans la volonté de vous faire plaisir.

Mimy n'a pas eu raison de se fascher contre ceux qui m'ont fait sçavoir qu'il est opiniatre. Il devroit éstre bien plus fasché de l'estre. Je vous prie de le luy dire de ma part, et qu'il doit sur toutes choses tascher d'estre bon garçon.

Madame Villault et ses filles sont à Gerville. Le père y alla hyer, et en reviendra lundy prochain.

Je suis toujours, Monsieur, votre très humble et très obeissant serviteur.

E. BALUZE.

LXXIX

A Paris le 15 septembre 1696.

Je suis fasché de la continuation de la maladie de mon frère, et espère néanmoins comme vous, Monsieur, qu'elle n'aura pas de suite. Toutefois, si contre nostre attente elle ne finissoit pas si tost, je suis persuadé que mes sœurs luy quitteront la sale et se retranscheront dans la petite chambre où j'ay accoustumé de coucher lorsque je suis à Tulle, afin que mon frère malade soit dans une chambre à cheminée comme il est bien juste par toute sorte de raison.

On m'a dit que M. Jaucen avoit esté condamné à trois mois d'absence hors de Tulle. Vostre letre luy a fait du bien. Car si on avoit ajouté une entière créance aux informations qu'on m'a dit avoir esté envoyées par M. l'Intendant, il n'en auroit pas esté quitte à si bon marché.

Vous ne deviez pas vous abstenir d'aller voir M. de Tulle sur des bruits qui courent. Car il n'est pas vray que j'aye agy ouvertement contre luy dans cette affaire. Je vous ay escrit exactement ce que j'y ay fait.

Il est à craindre que les fièvres tierces de mon frère ne se tournent en quarte. Il ne faut pourtant pas le luy dire, mais travailler à sa santé comme si on le luy avait dit. Je vous prie, Monsieur, de vouloir bien en prendre soin.

J'ay receu la garniture que vous m'avez envoyée et l'ay remise à la personne qui me l'avoit demandée. On ne l'a pas encore payée.

Mesdemoiselles Villault m'avoient promis de m'envoyer leur letre avant aujourd'huy. Elles ne l'ont pas fait. Ce n'est pas à moy à les presser.

Mon frère n'estant pas en estat de solliciter M. le curé d'Orlhac (1) pour la généalogie des Selve, je vous prie de suppléer à son défaut.

Je m'informeray avec le fils de M. Villault de la commission dont vous m'escriviez.

J'ay eu bien de la joye d'aprendre que Mimy se porte bien. Je lui souhaite une parfaite santé, et suis toujours, Monsieur, votre très humble et très obeissant serviteur.

Je n'escris qu'un mot à mon frère.

E. Baluze.

LXXX

A Paris le 13 octobre 1696.

Je vous remercie, Monsieur, de la balle de chastagnes qu'il vous a pleu de m'envoyer. J'ai fait voir à M. Jayat ce que vous m'en escrivez. Il s'en va dans peu de jours à Reims, d'où il sera de retour à la St-Martin. Il me prie fort de ne les manger pas toutes et de luy en garder sa part. J'y fairay ce que je pourray.

---

(1) Paroisse des environs de Tulle, aujourd'hui Orliac-de-Bar.

Je luy ay aussy fait voir ce que vous m'escrivez de son fermier. Il vous en remercie.

C'est une chose estonnante que Mrs de la Selve soient si négligents de me fournir des preuves d'une chose qui leur ferait beaucoup d'honeur, si elle estoit bien prouvée. Il faudroit voir si dans les cedes de mes ancêtres ou dans celles des autres notaires depuis l'an 1430 jusques en 1500, on trouveroit des actes passés par ceux de Salva, et en tirer des extraits. Peut estre que par ce moyen on pourroit trouver ce que ces M^{rs} négligent de chercher chez eux.

Mon frère m'a mandé, aussy bien que vous, Monsieur, que Mimy est allé en vendanges. Il n'y a pas lieu de douter qu'il ne fut bien content de faire ce voyage.

Je suis toujours, Monsieur, vostre très-humble et très-obeissant serviteur.

E. Baluze.

LXXXI

A Paris le 20 octobre 1696.

J'ay receu la dernière garniture que vous m'avez envoyée, Monsieur. Je ne manqueray pas d'exécuter vos ordres et pour celle-là et pour l'autre.

M. Muret m'a escrit que la bale de chastagnes est partie de Limoges le 10 de ce mois, et qu'elle pèse 90 livres.

J'ay fait voir à M. Jayat ce que vous m'escrivez de l'accident arrivé à son fermier. Il vous prie de bien prendre soin de ses affaires. Il partit hyer pour aller à Reims avec M. l'Archevesque. Ils seront de retour dans un mois. M. l'Archevesque luy a promis de vendre les livres qui luy restoient de la bibliothèque de feu M. Faure. C'est à quoy il travaillera après son retour.

Je vous baise les mains, Monsieur, et à Mimy et suis vostre très-humble et très-obeissant serviteur.

E. Baluze.

LXXXII

A Paris le 27 octobre 1696.

Je receus mercredy passé les chastagnes que vous avez eu la bonté de m'envoyer, Monsieur, mais très mal conditionnées. Car ayant mis la main dans la bale pour en oster les chastagnes, il sembloit que je la mettois dans un bain chaud. J'attribue ce mal aux longues pluies qu'il a fait pendant qu'elles ont esté en chemin. J'en ay fait trier quelques unes des moins meschantes pour les faire cuire. Mais il ne s'en est pas trouvé une de bonne. De sorte qu'il les a fallu jetter toutes. Je ne vous en ay pourtant pas moins d'obligation, Monsieur. Car vous avez eu asseurement une très bonne volonté de me faire plaisir. Ainsy je vous en remercie du meilleur de mon cœur.

M. l'abbé Boyer pourra bien oublier encore cette fois le manuscrit des Jacobins de Brive, si vous ne l'en faites souvenir. M^{r} son frère m'avoit dit qu'il pourroit aussy peutestre obtenir qu'on luy confiat le cartulaire d'Obasine pour le porter à Paris et m'y estre communiqué. Je vous prie de luy faire mes baisemains.

Je suis toujours, Monsieur, vostre très humble et très obeissant serviteur.

E. Baluze.

Je receus hyer au soir une letre de mon frère de Lyon, par laquelle il me mande que..... que l'on nomme duchesse de Bourgogne arriva à Lyon le 18 de ce mois au soir, et qu'elle en partit le 21 au matin, bien satisfaite des temoignages de joye que le public a donnés à son arrivée. Il adjoute que ceux qui ont eu l'honeur de l'approcher sont charmés de sa bonne grace, de son enjoüement, de son esprit, et qu'on l'a trouvée mieux faite que ne l'avoient depeinte les portraits qu'on en a fait et les relations qu'on en avoit eües.

LXXXIII

A Paris le 3 novembre 1696.

M. Jayac sera de retour à Paris dans quinze jours au plus tard. Ainsy vous pouvez, Monsieur, prendre les mesures que vous estimerez les plus convenables pour luy rendre compte de ses affaires.

Je m'employeray très volontiers pour placer le fils de M. Mensat. Il y a un professeur, des plus estimés, qui prend des pensionnaires. La première fois que je le rencontreray je luy demanderay s'il veut prendre celuy cy, sans m'engager à luy, et vous en rendray compte.

Je suis toujours, Monsieur, vostre très humble et très obeissant serviteur.

E. Baluze.

Le Roy a donné l'Evesché de Montpensier à M. l'abbé de Croissy.

LXXXIV

A Paris le 1 décembre 1696.

Je vous ay déja escrit, Monsieur, que j'avois receu la coeffure (1) que vous m'avez envoyée par le postillon de M. de Tulle.

Quand j'auray receu l'argent de ces coeffures, je le remettray à M. Jayat suivant vostre ordre. Je le luy ay déja dit. Il dina céans, mercredy dernier, et nous beumes à votre santé.

J'ay aussy monstré à M. Jayat ce que vous m'escrivez qui le regarde. Il vous en remercie. Il a esté en Limousin pendant le voyage de M. l'Archevesque de Reims. Il est de retour depuis lundy dernier.

---

(1) Coiffure en point de Tulle.

Mademoiselle Angelique avoit résolu de vous escrire aujourd'huy au sujet de la coeffure. Mais elle est au mariage d'une fille de sa connaissance, ce qui l'empesche de vous escrire. Ce sera pour une autre fois.

Je suis toujours, Monsieur, vostre très humble et très obeissant serviteur.

E. Baluze.

LXXXV

A Paris le 26 juillet 1698.

J'estime, Monsieur, que vous êtes depuis quelques jours à Tulle en bonne santé, comme je le souhaite, et que vous travaillez à vous délasser des fatigues du voyage.

Vous n'y aurez pas trouvé mon frère. Car il m'a escrit qu'il devoit partir le lundy qui devoit précéder vostre arrivée.

Je vous prie d'asseurer mes sœurs et mes niepces que je me porte bien, et de dire à mes niepces que dans les occasions qui se présenteront pour leur avantage, je leur donneray des preuves effectives de mon affection pour elles. Vous estes, Monsieur, pleinement instruit là-dessus.

Le procez de Madame de La Pinardière pour la validité ou invalidité de la procédure fut jugé mardy dernier. La procédure du premier juge a esté sans atteinte. On a cassé celle du lieutenant général de Romorantin, pardevant lequel le soy disant la Pinardière avoit esté reconnu par plus de cent personnes, et mesme par ses sœurs et par autres des parents. Ordonné que sans avoir esgard à la requeste présentée en son nom, par laquelle il demandoit un sauf-conduit pour quatre mois, il sera pris au corps, si apprehendé il peut estre, et mené dans les prisons royaux. L'affaire renvoyée pour l'instruction pardevant le lieutenant criminel de Chartres, où les accusés seront menez sous bonne et seure garde. On dit que l'ors qu'on notifiat cet arrest à Madame de La Pinardière, elle plurat amèrement. Et je le crois. J'ay bien souvent pluré à moins.

Il fut aussy ordonné par l'arrest que le cuisinier du prieur de Aizeray seroit pris au corps. Mais on n'aura pas la peine d'exécuter l'arrest à son esgard, car dans le temps qu'on le faisoit il vint se remettre volontairement à la conciergerie, où il est.

Mercredy au soir, entre sept et huit heures, on mena au grand Chastelet un soldat qu'on dit avoir tué cette fille que vous avez ouy dire qu'on avoit trouvé morte dans le bois de Bondy.

Il y a trois jours que les deux premiers valets de chambre de M. le cardinal de Bonfy ayant pris querelle dans son hostel, et ayant mis l'espée à la main sur la porte, ils allèrent si rudement et si promptement que dans moins d'un *miserere* il y en eut un d'estendu roide mort sur la place.

Vous avez sans doute apris que M. le cardinal de Bouillon est présentement evesque de Porto et sous-doyen du sacré collége. Il a encore devant luy M. le cardinal Cibo né l'an 1613, au mois de juin. D'où il est aisé de conclure qu'il a 85 ans passez.

Je vous baise les mains, Monsieur, et à Monsieur Melon dit Mimy et suis vostre très humble et très obeissant serviteur.

E. Baluze.

J'oubliais de vous dire que je vis hyer M. Jayac qui m'a prié de vous faire ses baisemains et de vous recommander ses affaires. Je luy ay promis de le faire, et luy ay néanmoins assuré que ma recommandation n'ajouteroit rien à l'affection que vous avez pour luy.

Vostre commère vous baise les mains.

LXXXVI

A Paris, le 23 août 1698.

Il est constant, Monsieur, qu'il y a 555 ans que les vicomtes de Turenne ont cessé d'estre enterrez à Tulle (1). Et ainsi il est certain qu'il y a 555 ans que leurs sépulcres n'ont pas du estre ouverts. Cependant on les a ouverts depuis peu, et on

(1) M. Bonnelye a publié le passage de cette lettre relatif à la sépulture des vicomtes de Turenne sous le clocher de la cathédrale de Tulle; il le fait suivre de ce commentaire :

« Les 555 années marquées ici par Baluze sont exactement l'espace

y a trouvé un corps presqu'entier. Il n'est pas vraysemblable que ce soit aucun des corps de ces anciens vicomtes. Il faut donc que ce sépulcre ait esté ouvert en un temps plus bas. Je vous prie, Monsieur, d'en bien examiner toutes les circonstances et de vous informer de ce qu'on a trouvé dans ces deux tombeaux, s'il y avait des espées et des esperons mesme rouillez, ou autre chose semblable.

Je vous ay deja escrit, Monsieur, que M. de Lagarde m'a envoyé sa procuration *ad resignandum*.

C'est quelque chose que ma sœur aynée soit en bonne santé. Quoy qu'elle ne le soit pas de la meilleure partye. Il faut prier Dieu qu'il la conserve le plus longtemps qu'il sera possible.

Je suis marry des accidents arrivez aux compagnons d'escole de Mimy, puisque ces accidents l'ont espouvanté. Mais la platissade (1) est encore pis. Car cela marque que s'il manque une autrefois, la platissade pourra se convertir en coups de foüet. Dieu l'en préserve.

J'ay oublié d'envoyer Picart au roulier. Je l'y envoyeray au plus tost.

Je ne scay rien de nouveau touchant l'affaire des religieuses de Sainte-Claire.

Je diray demain à M. Villault le soin que vous prenez à luy trouver un chien couchant.

Mes baisemains à toute la famille.

Je suis toujours, Monsieur, de tout mon cœur, vostre très humble et très obeissant serviteur.

E. Baluze.

---

de temps qui s'est écoulé depuis la mort de Boson (1143) jusqu'en l'année 1698, époque où les tombeaux élevés jadis sous le clocher aux vicomtes de Turenne furent détruits, parce qu'ils embarrassaient l'entrée de l'église. C'est à cette même époque (1698) que fut placée, à la gauche du clocher, une inscription sur marbre blanc, que reproduit textuellement celle d'aujourd'hui. La voici :

« Sous cette voûte, furent ensevelis autrefois les vicomtes de Turenne ; leurs tombeaux, qui tombaient de vétusté, furent détruits pour débarrasser l'entrée de l'église. En l'an 1698, le sérénissime prince Emmanuel-Théodore, cardinal de Bouillon, fit placer ici cette inscription pour conserver la mémoire de ses ancêtres. »

» Les seigneurs de Turenne, en effet, avaient seuls le privilège d'être enterrés sous le clocher. » *Histoire de Tulle*, p. 202.

(1) Du patois *platissada* ou *platussada*. La platissade était, d'après l'explication qui nous est fournie par M. l'abbé Joseph Roux, un coup appliqué avec le plat de la main sur les fesses de l'enfant.

LXXXVII

A Paris le 30 août 1698.

Mon frère me mande par sa dernière letre qu'il a payé les despens à M. Lamore. Je suis de vostre avis, Monsieur, qu'il faut accommoder cette affaire, et vous scavez que j'ay esté toujours de cet avis.

J'ay escrit à M. de Lagarde que je vous avois prié de faire scavoir à M. le curé de Saint-Julien que j'avois sa procuration *ad resignandum.*

Quelle joie pour Mimy d'avoir un cerf volant? Je dis un cerf volant, car il est l'unique qui en ait dans le pays. Cela luy attirera bien des envieux, et peut-être des ennemys. Pour s'espargner ce chagrin, il sera obligé d'en laisser prendre des copies.

M. Jayac m'a porté ce matin la letre que je vous envoye. Je vous assure que je ne l'ay pas leüe.

Mes baisemains à toute la famille.

(Sans signature).

LXXXVIII

A Paris le 27 septembre 1698.

La nouvelle de la maladie de mon fillol m'auroit fait de la peine si vous ne m'aviez pas escrit en mesme temps qu'il se portoit mieux et qu'il avoit esté purgé. J'espère que j'apprendray lundy prochain qu'il est parfaitement guéry.

J'examineray l'acte du surplis dont vous m'avez envoyé copie et vous en rendray compte. Je n'en ay pas encore eu le loisir.

Vous me ferez plaisir, Monsieur, de faire bien entendre à mes niepces qu'elles doivent du respect à mes sœurs, et que je seray bien aise d'apprendre qu'elles ne leur donnent pas sujet de plainte ni de mécontentement.

Je vous prie aussy, Monsieur, d'assurer Madame de Maumont (1) que suivant la parole que je luy avois donnée, j'ai escrit le plus fortement qu'il m'a esté possible à Monseigneur le cardinal de Bouillon. Il faut attendre sa response, après quoi nous verrons ce qu'il y aura à faire.

Cependant je suis toujours, Monsieur, vostre très humble et très obeissant serviteur.

E. BALUZE.

LXXXIX

A Paris le 4 octobre 1698.

Vous avez eu raison, Monsieur, de croire que je ne serois pas fasché que vous commençassiez vostre letre par les nouvelles de la bonne santé de Mimy, car c'est la nouvelle qui me pouvoit le plus réjouir. Je vous en remercie.

Je ne fais response ny à ma sœur ni à mes niepces. Je me contenteray de vous dire encore une fois que mes sœurs estant mes sœurs, tantes de mes niepces, et vieilles, il n'y a aucune raison qui puisse excuser mes niepces de n'avoir pas pour elles la deference et la complaisance qu'elles leur doivent. Car il ne suffit pas qu'elles desavoüent les faits que ma sœur articule. Il faut qu'elles reconnoissent par leurs actions la différence qu'il y a entre mes sœurs et elles.

Il seroit à souhaiter que l'affaire du Mayne soit finie, mesme par l'abandon de ce bien, car ce seroit une nouvelle occasion de despenses à mon frère. J'aymerois mieux qu'on lui baillat de l'argent ou autre chose qui en vaille. Vous en confererez, s'il vous plait, avec luy lorsqu'il sera de retour à Tulle.

---

(1) La famille de Maumont appartenait au Bas-Limousin.

J'ay parlé au sieur Dumas. Il m'a promis de donner une pistole pour la despense. J'en parleray lundy prochain à M. Lemaire.

Vostre commere lere lanlere vous baise les mains.

(Sans signature).

XC

A Paris le 11e octobre 1698.

J'attends avec beaucoup d'impatience l'arrivée du courrier de la semaine prochaine, espérant qu'il me portera de bonnes nouvelles de vostre santé. Cependant je vous prie, Monsieur, d'en prendre bien soin et de travailler à la bien restablir.

M. Jayac me vint voir ces jours passés pour me dire la raison qui vous a empesché de m'escrire. Elle n'est que trop bonne. Nous beumes en suite à vostre santé. J'estime que ce soin que nous avons pris n'aura pas peu contribué à la restablir.

Je n'ay pas autre chose à vous dire présentement, Monsieur, si ce n'est pour vous assurer que je suis toujours très véritablement vostre très humble et très obéissant serviteur.

E. Baluze.

Vostre commere me prie de vous marquer qu'elle est bien affligée de la nouvelle de vostre maladie, mais qu'elle espère qu'elle n'aura pas de suite.

XCI

A Paris le 18 octobre 1698.

Vostre letre m'a tiré d'une grande peine, Monsieur, en m'aprenant que vostre santé est meilleure. Il faut en prendre bien soin, principalement à ce declin d'année, car la moindre négligence est de conséquence en cette saison.

M. Villault vous prie d'envoyer cette chienne par un exprez, si vous ne le pouvez pas autrement, et de faire marché avec celuy qui la menera. Je vous prie aussy de m'en envoyer un portrait ou description, afin qu'on ne puisse pas la changer, et de m'adresser celuy qui la conduira, ne voulant pas qu'elle soit menée droit chez luy. Je vous prie, Monsieur, de bien observer tout cela.

Je vous prie aussy de penser à la prière que je vous ay faite touchant la hauteur de l'arcade qui est sur les anciens tombeaux qu'on a démolis (1), tout autant néanmoins que vostre santé vous le pourra permettre.

Mon frère m'escrit qu'il est fort embarrassé au sujet du séjour qu'il fait à Bourdeaux et qu'il ne sçait s'il doit demander permission de se retirer ou non. Mais soit qu'il revienne bientost à Tulle, soit qu'il séjourne plus longtemps à Bourdeaux, je crois qu'il est à propos de penser à ce que nous avons projetté icy qui regarde Louise (2). Je vous prie d'y penser.

On dit icy au Palais que M. le premier président va estre garde des sceaux, et que son cousin M. de Harlay, gendre de M. le Chancelier, sera premier président. Je vous escris ce qu'on dit. Mais je ne vous garantis rien.

Je vous envoye encore une letre de ma sœur. Il n'est pas possible que la plainte qu'elle fait, laquelle m'a esté faite très souvent ne soit vraye. A la fin mes niepces se trouveront en avoir trop fait.

M. de Lagarde m'a adressé la lettre cy-jointe pour M. de Vernejoux. S'il est à Tulle, je vous prie de la luy faire rendre. Sinon, renvoyez-la moy.

Je suis toujours, Monsieur, vostre très humble et très obeissant serviteur.

E. Baluze.

---

(1) Les tombeaux des vicomtes de Turenne sous le porche de la cathédrale de Tulle.

(2) Le mariage de Louise Baluze.

XCII

A Paris le 22 novembre 1698.

M. le Maire me dit ces jours passez que la dispense pour le mariage arriveroit dans trois semaines. J'ay déjà 10 livres que M. Dumas m'a baillé. Il reste à envoyer 53 livres.

Je vous prie de dire à Madame de Maumont que j'ay receu la letre qu'elle m'a fait l'honeur de m'escrire, à laquelle je ne fais pas de response; parceque je n'ay rien de nouveau à lui dire. J'ay encore recommandé leur affaire à Monseigneur le cardinal de Bouillon, et je continueray.

Lorsque j'auray une occasion pour envoyer les Fables de La Fontaine et les Contes des fées à Mimy, je les luy envoyeray. Car elles sont achetées.

J'ay dit à Mademoiselle Angélique que vous m'avez escrit touchant le collier d'ambre.

Le remboursement des augmentations de gages sera effectif et même je vous diray, entre nous, que l'intention de M. Villault est de faire, s'il le peut, rembourser les deux sols pour livres. Ce qui coustera au roy 14,000 livres dont il n'a pas profité. Il fera tout ce qu'il pourra pour reussir.

Je vous prie aussy de dire à ma sœur que j'ay receu le billet qu'elle m'a escrit, et que je luy recommande de bien prendre soin de sa santé.

Je vous baise les mains, et suis, Monsieur, vostre très humble et très obeissant serviteur.

E. Baluze.

XCIII

Paris le 29 novembre 1698.

Je suis bien ayse, Monsieur, que le s[r] Poutevin soit arrivé et qu'il vous ait remis le paquet dont je l'avois chargé.

Il me paroit que M. Villault est content de la chienne. Je

ne l'ay pas veu il y a tantot quinze jours, parceque dimanche dernier il ne se trouva pas chez luy lorsque j'y fus. Je le verray demain, et luy demanderay comme il en est content.

Je vous remercie des nouvelles que vous m'avez données des pois de Monsalin.

Vous m'avez aussy bien fait plaisir de me marquer que vous tachez [d'obtenir un] accommodement de Mayne. Vous sçavez, Monsieur, combien j'ay cette affaire à cœur. Je vous la recommande encore.

Je seray bien ayse aussy que nous reussissions à faire quelque chose pour L. (1) principalement après que son père sera de retour à Tulle.

S'il est de retour, je vous prie de luy donner ce billet.

Je suis toujours très véritablement, Monsieur, vostre très humble et très obeissant serviteur.

E. Baluze.

Je vous envoye une lettre de M. Jayac.

XCIV

A Paris le 20 decembre 1698.

J'ay esté fort surpris, Monsieur, de n'avoir eu aucune nouvelles de vous ny de mon frère par le dernier ordinaire. Cela m'a fait juger que sans doute vous aviez envoyé trop tard vos letres à la poste.

Je vous envoye la réponse que M. l'abbé Aignan m'a faite. Vous verrez ce que vous aurez à m'ordonner là dessus.

Je me suis informé des médecins oculistes de Paris, et on m'a nommé M. Thevenin et M. Le Long. Mais comme on ne m'a pas pu assurer s'ils étoient véritablement habiles, ne voulant pas m'adresser à des charlatans j'ay esté chez M. Quartier pour m'en informer avec luy. Mais je ne l'ay pas trouvé. Et

---

(1) Louise Baluze.

estant présentement logé fort loin de son ancien logement, et en un endroit fort éloigné de tout passage je n'ay pu le revoir, d'autant plus qu'il a fait toute cette semaine un très vilain temps icy. Je le veray la semaine prochaine.

Vostre commere cy présente me prie de vous assurer de ses respects. Je n'escris pas à mon frère n'ayant rien à lui escrire. Je vous recommande, Monsieur, les affaires de L... et de Mayne, et suis sans difficulté vostre très humble et très obeissant serviteur.

E. Baluze.

XCV

A Paris le 27 décembre 1698.

Je commenceray cette lettre, Monsieur, par vous souhaiter un bon commencement d'année.

J'ay esté bien affligé d'aprendre que Mimy a chié dans sa culotte. Vous pouvez néanmoins l'assurer que je ne publieray pas cette nouvelle et que je ne la feray pas imprimer.

Je vous ay déja prié de me faire savoir comment je pourray vous envoyer les livres que j'ay achetez pour luy.

On ne m'a pas conseillé de m'adresser à M[rs] Le Long et Thevenin, dont je vous ay escrit. Je m'en tiens donc à M. l'âbbé Aignan, qu'on m'assure estre habille.

J'ay fait voir vostre mémoire à M. Villault. Les quittances de 1693 ont esté déjà envoyées, et on les recevra bientost. M. Villault dit qu'il faut que vostre compagnie envoye à M. de Pontchastrain un placet pour le supplier de vous faire rendre celles de 1690, lequel luy sera renvoyé, et il y fera son devoir. Il n'est pas necessaire d'envoyer icy.

Je vous recommande encore les affaires de L... et de Mayne, et suis toujours, Monsieur, vostre très humble et très obeissant serviteur.

E. Baluze.

J'ay reçu les 33 livres de la letre de change, et les 20 livres de vostre commère, qui a encore entre ses mains 54 s. Elle vous baise les mains.

M. Villault croyait que les quittances de 1693 avaient esté envoyées. Mais M. Teste qui s'est trouvé ce matin avec luy, a dit qu'elles sont encore au controlle et qu'on les envoyeroit bientost.

Il faut que vostre compagnie escrive une lettre à M. de Pontchastrain pour se plaindre que le receveur général et les traitans ne leur ont pas fourny les quittances de 1690 et s. et pour le supplier de leur ordonner de les leur fournir au plus tost, afin d'estre en estat de recevoir leur rémboursement.

XCVI

A Paris le 3 janvier 1699.

J'ay envoyé la bouteille de M. l'abbé Aignan à M. l'abbé Guibert, bien cachetée. Il s'est chargé de vous l'envoyer par l'ordinaire qui doit partir demain. Ainsy vous n'aurez qu'à envoyer à Brive. Je prendray soin de consulter encore cette maladie. Je vous envoye le mémoire que M. l'abbé Aignan m'a envoyé pour l'usage de son eau.

J'envoye aujourd'hui au messager d'Aurillac une caisse emballée adressée à M. de Moncourrier pour vous faire tenir. Il y a cinq paires de gans d'homme, six livres de poudre, deux onces d'huile d'odeur, deux savonettes, deux onces de savon, les livres de Mimy. J'y ay joint, pour remplir la caisse, deux volumes in-12° de l'histoire des Ducs de Bourgogne, et un volume in-8° de la Religion des Turcs que j'ay pris parmy mes livres.

Il y a aussy ma letre imprimée reliée en veau, que mon frère m'a demandée avec cette relieure. Je vous prie de la luy rendre avec les six autres en papier marbré, m'en ayant demandé aussy quelques-unes à l'ordinaire. Si vous en avez besoin pour quelques-uns de vos amys, vous les pouvez prendre.

J'y ay aussy mis deux exemplaires de la Requeste ou Factum de M. l'Archevesque de Roüen contre M. l'Archevesque de Lyon. Vous en retiendrez, s'il vous plait, un exemplaire pour vous et donnerez l'autre à mon frère.

Je viens de recevoir par la poste la letre cy-jointe. Je ne sçai de qui elle est, car il n'y avait rien pour moy.

Je suis toujours, Monsieur, vostre très humble et très obeissant serviteur.

E. Baluze.

J'oubliay de vous dire, Monsieur, que dans l'opinion où je suis que mon frère acceptera la proposition que je vous ay prié de luy faire, j'ay mis dans la caisse un breviaire en 4 volumes que je vous prie de luy rendre. N'en parlez, s'il vous plait, à personne qu'à luy.

La bale pèse 37 livres. Elle a esté portée ce matin et enregistrée.

XCVII

A Paris le 7 feuvrier 1699.

Voicy, Monsieur, la consultation de M. Bailly. J'en ay retenue copie parcequ'il m'a dit qu'au cas qu'on luy demandat dans la suite quelque autre avis, il seroit bien ayse de la voir afin de se remettre plus facilement au fait.

Si vous m'eussiez demandé les *Contes des Fées,* je vous les aurois envoyés aussy facilement que les *Fables de La Fontaine.* J'ay suivy vostre mémoire.

Je n'ay pas encore pu voir M. Jayac pour luy montrer ce que vous m'avez escrit touchant son fermier, ce sera par la première occasion.

J'envoye à mon frère un équipage de chanoine, dans un balot adressé à M. Moncourrier, auquel il faudra escrire pour luy recommander de l'envoyer diligemment à Tulle.

Je suis toujours, Monsieur, vostre très humble et très obeissant serviteur.

E. Baluze.

XCVIII

A Paris le 28 feuvrier 1699.

J'ay rendu vostre letre à M. Villault. Il m'a chargé de vous [dire] que cette letre contenant un grand destail, duquel il ne peut etre esclaircy que par M. Testu, il faut attendre qu'il se porte mieux. Que dez qu'il sera guéry, il s'en fera instruire amplement, et fera pour vostre satisfaction tout ce qui pourra dépendre de luy.

Mademoiselle Villault vous prie de luy envoyer le plustost que vous pourrez deux fonds de cornette, comme vous verrez par le billet qu'elle m'a escrit pour ce suject. Mais vostre commère, qui vous baise les mains, prétend qu'estant la première en date, elle doit estre servie la première.

Et la présente n'estant à autre fin, je ne vous la feray pas plus longue que pour vous dire, Monsieur, que je suis toujours vostre très humble et très obeissant serviteur.

E. Baluze.

Je feray partir la semaine prochaine l'inscription (1); et je l'adresseray a M. Vilars notaire à Limoges, pour lequel M. de Vernéjoux m'a donné une letre. Il prendra soin de vous la faire tenir à Tulle.

XCIX

A Paris le 2 may 1699.

M[rs] du chapitre en usant aussy mal qu'ils font envers moy, il auroit peut estre esté à propos de suivre vostre avis, Monsieur, et leur rendre leur droit de prelation, d'autant plus que

(1) Inscription placée sur un des piliers du clocher de la cathédrale de Tulle pour rappeler l'ancienne sépulture des vicomtes de Turenne.

je ne vois pas qu'il fut à propos de retenir Mayne en l'estat qu'il est, quand bien on en seroit là. Mais puisque mon frère ne gouste pas cet avis, il faut le laisser faire. J'apprehende bien qu'il ne verra jamais la fin de cette affaire.

Cependant il veut l'attirer icy en vertu de mon *committimus;* et il prétend que nonobstant ce qui a esté fait à Bourdeaux, à Tulle, à Uzerche, où je suis intervenu, la cause n'est point contestée à mon esgard, et que je la peux attirer icy. Ce que je ne crois pas. Et d'ailleurs cela le jetteroit dans un nouveau procez de quatre ou cinq ans pour le moins. Car il se passeroit bien du temps auparavant qu'il fut jugé aux requestes, et ensuite il faudrait faire juger la cause d'appel au parlement. Ce qui ne se feroit pas si tost. De sorte que je crois qu'il vaudroit mieux faire un accommodement, si désavantageux qu'il fut, que d'en venir à cette extrémité, les sollicitations estant d'ailleurs très pénibles à Paris et les frais du procez très grands. Je luy mande par ma letre que je vous en escrit. Je vous prie d'en conférer ensemble.

M. le Curé de Saint-Julien m'a fait scavoir qu'il avoit une occasion pour envoyer le drap de Mimy. Je le luy envoyeray aujourd'hui ou demain, et encore le patron et le fil de Mademoiselle Villault.

Je suis dans l'impatience d'aprendre des nouvelles de l'inscription, afin d'en pouvoir ensuite escrire à Mgr le Cardinal pour luy rendre compte de l'exécution de ses ordres.

J'oubliois de vous dire, Monsieur, que je ne pourray pas envoyer à Mimy les *Contes des Fées,* parceque M. Bastien est mort, que le scellé a esté mis à son magasin, et qu'on ne sauroit en avoir présentement. Cela reviendra une autre fois. Cependant je suis toujours, Monsieur, vostre très humble et très obeissant serviteur.

E. Baluze.

Dans le paquet pour Mimy il y a cinq quartiers de drap bleu, deux aunes de doublures, trois douzaines et demy de boutons d'argent, et du fil d'argent pour les boutonnières, plus le paquet de Melle Villault.

Vostre commère s'est fait saigner aujourd'huy, et ne pouvant vous escrire, m'a chargé de vous prier d'envoyer au plustost les deux aunes et demy de dentelle que vous luy faites faire, et de faire continuer avec la mesme diligence le mesme ouvrage. Vous les pouvez envoyer par la poste. Elle donnera l'argent pour tous les deux à M. le Curé de Saint-Julien, si vous le trouvez à propos, si non, à qui vous ordonnerez.

C

A Paris le 9 mai 1699.

J'envoyay ces jours passés à M. le Curé l'emplète de Mimy, parcequ'il m'avoit fait scavoir qu'il avoit une occasion pour l'envoyer. Vous me ferez, s'il vous plait, scavoir, quand vous l'aurez reçue.

J'ay esté bien ayse d'aprendre que l'inscription est arrivée à Limoges. J'espère que j'aprendray mardy prochain qu'elle est arrivée à Tulle.

J'ay escrit à M. Villars que je luy ferois rembourser exactement ce qu'il avanceroit pour ce sujet. Ainsy il n'aura affaire qu'à moy. A moins que vous veuillez, Monsieur, le payer, et retirer un mot de récépissé de luy. Auquel cas je rembourseray ce que vous lui aurez avancé en même temps que je vous rembourseray les frais que vous aurez faits pour la placer.

Je vous ay escrit amplement la semaine passée sur les affaires de mon frère. Aussy je n'ay rien à adjouter, si ce n'est que je suis toujours, très véritablement, Monsieur, vostre très humble et très obeissant serviteur.

E. Baluze.

M. Jayac m'a porté ce matin la letre cy-jointe.

CI

A Paris le 16 may 1699.

J'ay toujours bien compris, Monsieur, qu'il faudroit faire

voiturer le marbre par charroy (1), un mulet ne pouvant pas le porter, principalement à cause qu'il est tout d'une pièce. Ainsy je compte que cela aura esté fait de la sorte, et que vous l'avez présentement à Tulle. Je ne doute point que vous ne preniez toutes les précautions nécessaires pour empescher qu'on ne le casse en le montant et en le plaçant où il doit estre mis.

Il est certain que M[rs] du chapitre en usent très mal honestement envers moy. Mais que voulez vous que je fasse avec des gens qui se laissent plus conduire par leur intérest que par la raison ?

Je serois d'avis de prendre au mot M. de Lamore et de donner aux mineurs les 3,000 livres payables lorsqu'ils seront majeurs, et cependant l'intérest au denier vingt, et de rentrer dans Mayne sans s'amuser à faire restablir les degradations, car si on s'attache à cela, on ne finira jamais.

J'ay retiré des mains de M. le Curé l'estofe de Mimy et l'ay fait remettre es mains du sieur Poulain, qui y fera ce qu'il faut. Après quoy je feray encore remettre le tout à M. le Curé.

Vostre commere vous remercie très affectueusement de tous les soins que vous prenez pour l'amour d'elle. Et quant à l'ouvrage, elle vous prie de vous en tenir à la letre qu'elle vous a escrite sur ce sujet. Mais si sa letre ne se retrouve pas, et que vous ne soyez pas assuré qu'elle n'en a demandé que deux aunes un quart, elle estime qu'il en faut deux aunes et demy. Le premier ordre doit regler cela.

Je suis toujours, Monsieur, vostre très humble et très obeissant serviteur.

E. Baluze.

CII

A Paris le 23 may 1699.

Je crois, Monsieur, qu'en faisant placer l'inscription au

(1) L'inscription commémorative de la sépulture des vicomtes de Turenne.

lieu que je vous ay marqué, vous aurez bien pris garde qu'elle ne fut pas cassée comme je vous l'ay recommandé. J'en attends des nouvelles.

Je vous prie de remercier M. le Prévost des assurances qu'il vous a données de la continuation de son amitié pour moy.

M. Poulain ne m'a pas rapporté l'habit de Mimy. Et ainsy il court bien de ne pas l'avoir pour la jugarole (1), si elle se fait bientost.

Il m'est indifférent de rembourser M. Vilars ou icy ou par vostre moyen.

M. Jayat m'a envoyé ce matin la letre cy-jointe.

J'envoyeray demander à M. Poulain à quoy il tient qu'il ne m'ait renvoyé cet habit.

Je suis toujours, Monsieur, vostre très humble et très obeissant serviteur.

E. Baluze.

Vostre commère vous baise les mains, et s'est chargée de voir M. Poulain et de le presser.

CIII

A Paris le 11 juillet 1699.

Vous voulez bien, Monsieur, que je vous dise que si vous vous estiez bien souvenu de ce que je vous escrivais touchant L... vous auriez facilement compris que je n'entendais pas parler de M. M (2), puisque je vous priais de remonstrer à L... le tort qu'elle se faisoit de le fréquenter après tout ce qui s'estoit passé. J'entendais donc par le premier project celuy qui est le premier de tous, pour lequel faire reussir je don-

---

(1) Du patois *jugarola*, jeu, fête, réjouissance.

(2) Melon, un des prétendants à la main de Louise Baluze.

neray mil escus oustre et par dessus ce qui avoit esté convenu. Pour ce qui est des payemens, il ne sera pas difficile de convenir. Ainsy je vous prie, Monsieur, de ne retarder plus cette affaire. Le temps s'escoule facilement. N'oubliez pas cependant l'autre affaire.

Je payeray un de ces jours les 90 livres à M. le Curé. Il faudra, s'il vous plait, m'envoyer un receu, avec celuy de M. Villars, pour m'en faire rembourser.

Vostre cordonnier porta hyer vos souliers à vostre commère, qui eut a payer deux écus neufs. Il n'a jamais voulu les donner à meilleur marché. Elle vous baise les mains.

Monseigneur le cardinal de Bouillon m'a envoyé les provisions d'un très beau prieuré à trois lieues de Lyon. Mon frère vous en dira davantage.

Je suis toujours, Monsieur, vostre très humble et très obeissant serviteur.

E. Baluze.

J'ay fait voir vostre letre à M. Villault fils. Il m'a dit de vous dire que c'est un malheur si vous avez payé vostre taxe pour les enquesteurs, et que si vous ne l'avez pas payée, que vous ne la payez pas, et que vous luy en escriviez en suite si on vous presse, sans cependant payer. Je crois que vous exécuterez bien cela.

CIV

A Paris le 25 juillet 1699.

Vous pouvez facilement juger, Monsieur, que je seray bien ayse de vous voir à Lyon. Mais ce ne sera pas si tost, mes amys ne trouvant pas à propos que je me mette en chemin pendant ces chaleurs. Ce sera, s'il plait à Dieu, vers la fin du mois prochain.

J'ay payé les 90 livres à M. le Curé. Je vous envoye son ordre pour en estre remboursé.

J'ay escrit à S. A. que cette pierre estoit posée et que vous, Monsieur, en aviez pris soin. Je crois que cela lui fera plaisir.

J'en auray beaucoup si j'aprens par le premier ordinaire qué vous avez fait quelque chose en l'affaire dont j'ay eu l'honeur de vous escrire touchant L... (1) que je voudray bien voir en place. Je vous prie de vous y attacher. Quoy que vous soyez déjà brave homme, vous le seriez encore davantage si vous m'escriviez que l'affaire est conclüe à ma satisfaction. Dieu le veuille.

Je suis bien ayse d'aprendre que Mimy est bien remis de sa vérole. Il faut qu'il soit bien sage, bien obeissant et qu'il estudie bien.

Je suis toujours, Monsieur, vostre très humble et très obeissant serviteur.

E. Baluze.

Votre commère m'a prié de vous faire ses recommandations. M'en voila quitte.

CV

A Paris le 31 juillet 1699.

Je suis bien empesché, Monsieur, à concilier ce que vous avez escrit à vostre commère, que vous ne m'escriviez pas parceque vous n'aviez rien à m'escrire, avec le recit que mon frère me fait des longs entretiens qu'il a eu avec vous au sujet de L... et des grandes difficultez que vous lui avez opposées sur ce sujet. Car si ces entretiens sont sérieux, comme il y a

(1) Le mariage de Louise Baluze.

bien apparence, il ne sera pas vray que vous n'eussiez rien à m'escrire, à moins que vous fissiez estat de vous en rapporter à ce que mon frère m'en escriroit. Faire des difficultez n'est pas le moyen d'avancer l'affaire. Le temps s'escoule cependant, comme j'ai eu l'honeur de vous l'escrire. Si vous vous étiez donné la peine d'agir dez le commencement que je vous en escrivis, peut estre la chose seroit-elle bien avancée présentement. En tout cas, on scauroit ce qu'on en doit espéror. Car pour M. M... dont vous avez encore fait mention, il n'y faut plus penser. Il faudroit estre ladre, clavelé, pour escouter aucune proposition de ce costé là, principalement estant bien informé de tout ce que vous m'avez dit des mœurs et conditions du personnage.

Je ne scay donc que penser du retardement que vous portez à agir ny des difficultés que vous y faites, lesquelles ne peuvent pas estre surmontées par l'inaction.

Peut estre avez vous des raisons d'en user ainsy que je ne connois pas. Peut estre que si j'en avois connaissance, je m'abstiendrois de vous escrire. Mais n'en scachant rien, et ayant cette affaire fort à cœur, comme vous n'en pouvez pas douter, je ne puis m'empescher de vous presser d'y travailler avec diligence. Car encore une fois, le temps s'escoule. S'il n'y a rien à faire, il faudra proposer à L... de prendre un party qui coupe chemin à toutes autres pensées. Il y a bien de sa faute. Mais cela n'empesche pas que l'affection n'agisse.

J'attends encore à me déterminer sur le temps de mon voyage jusques à ce que les chaleurs excessives soient passées. Il fait un temps assez tempéré depuis quelques jours. Si cela continue je pourray partir dans huit ou dix jours. Dequoy je pourray vous donner plus de nouvelles, samedy prochain. Je reçus hyer une letre de mon frère par laquelle il me temoigne qu'il aura bien du plaisir de vous voir à Lyon.

Quand bien je me trouveray parti d'icy lors que vous recevrez ma letre d'avis, vous serez encore plustost que moy à Lyon, parceque je seray au moins dix jours en chemin.

Je suis toujours, Monsieur, vostre très humble et très obeissant serviteur.

E. BALUZE.

CVI

A Paris le 8 aoust 1699.

Je vous avouë, Monsieur, que je suis surpris de ce que depuis le temps que je vous ay prié de travailler pour remettre sur le tapis nostre premier projet (1), il n'y a rien d'avancé, et que vous opposez toujours des difficultez. J'ay déjà eu l'honeur de vous escrire plusieurs fois que ce n'étoit pas le moyen d'y reussir et que cependant le temps s'escoulait. Si j'avais pu deviner les raisons qui vous obligent à differer, et que je n'eusse pas apprehendé de vous donner suject de vous plaindre de moy en confiant ce secret à d'autres, je me serois adressé à quelqu'autre qui m'en auroit rendu quelque compte sans me faire languir. Vous me renvoyez à Lyon. Nous verrons ce que vous aurez à dire.

Je ne suis pas bien certain du jour de mon despart. Toutefois je crois que ce sera le 24 de ce mois. Vous en serez plus particulièrement averty samedy prochain.

J'escris à mon frère que vous feriez une grande faute de faire faire ce voyage à Mimy. M. le curé de Saint-Julien me vint voir hyer au soir.

J'ay oublié de parler à M. Villault de vostre remboursement. J'en parleray sans faute demain, et vous en rendray compte samedy prochain. Cependant je suis toujours, Monsieur, vostre très humble et très obeissant serviteur.

E. Baluze.

Depuis cecy escrit j'ay veu M. Villault, voicy sa response.

On payera présentement le principal des augmentations de gages. Ainsy il faut que vous envoyez votre quittance à Limoges au receveur général, pour recevoir le remboursement

(1) Le mariage de sa nièce.

de vostre capital. Il sera ensuite fait un estât des intérêts deus, et vous en serez payé exactement jusqu'au jour de vostre quittance.

Voila de quoy M. Villault m'assure positivement. A cette occasion Mademoiselle Villault m'a chargé de vous faire ses baisemains et de vous prier de vous souvenir d'elle.

M. Villault minor et sa petite maman vous baisent les mains.

CVII

A Paris le 15 aoust 1699.

J'ay esté bien ayse, d'aprendre par vostre letre du 6 de ce mois que vous avez enfin entamé la matière. Car les choses sont désormais en tel estat qu'on ne peut pas avoir tant de patience qu'on en pouvait avoir il y a dix ans. Il me semble qu'on propose d'assez grands avantages pour n'estre pas refusez. Je souhaite d'en aprendre encore des nouvelles plus précises par le premier ordinaire, comme il me semble que vous me le faites espérer. Et je serois encore plus ayse si j'aprenois par vous à Lyon que toutes choses se disposent pour ma satisfaction.

Vous scavez, Monsieur, le chemin des fontaines du Majan. Je vous escris cela parcequ'y ayant apparence que vous arriverez à Lyon avant moy, et qu'il pourroit se faire que vous n'y trouveriez pas mon frère, il m'escrit de vous faire scavoir, qu'au cas que vous ne l'y trouviez pas, vous preniez la peine de l'aller trouver au Majan.

Je fais estat de partir d'icy le 24 de ce mois, pour arriver à Lyon le 2 septembre. Ce sera par la voye de Dijon. Je souhaite que nous y arrivions tous en bonne santé.

Plus mon frère m'escrit du prioré de Talmy, plus il me paroit que c'est un très beau bénéfice, et que M. le Cardinal ne pouvoit pas me donner de meilleures marques de l'honeur de ses bonnes grâces. Il m'en avoit offert un de 3,000 livres de rente à neuf lieues de Paris. Mais il est conventuel, au lieu que celuy de Talmy est simplicissime. Ce qui m'obligea de supplier S. A. de me conserver sa première destination qui est Talmy. C'est ce qu'elle a fait très obligeamment et avec des termes si honestes et si honorables qu'il ne se peut pas davantage. Vous en serez pleinement convaincu lorsque vous aurez veu ses letres. Je les porteray à Lyon pour vous les faire voir.

Vous me faites toujours plaisir de m'escrire de bonnes nouvelles de Mimy que j'ayme bien.

Je suis toujours, très véritablement, Monsieur, vostre très humble et très obeissant serviteur.

E. BALUZE.

Vostre commère vous salue.

CVIII

A Paris le 24 octobre 1699.

Me voicy de retour de Lyon en bonne santé, comme vous me l'escriviez, Monsieur, et sur le point de partir pour Gerville, où je crois que nous passerons la semaine prochaine.

Vous ne me sçauriez faire un plus grand plaisir, Monsieur, que de donner une grande application et affection et diligence aux deux affaires dont je vous ay entrenu à Lyon et au Majan, et principalement à la première. Celle de Mayne, qui est la seconde, ne me touche pas tant, quoyque je souhaite beaucoup d'en voir la fin.

J'ay fait vos compliments à M. Jayat. Il est guéry de sa fluxion.

Vous aurez déjà sceu par mon frère ce qui s'est passé icy au suject de M. Villault, sans qu'il soit besoin que je vous le repete.

Il est vray que M. le Chancelier a pris M. Parayre pour estre son premier secrétaire.

Je suis toujours, Monsieur, vostre très humble et très obeissant serviteur.

E. Baluze.

Vostre commere vous baise les mains.

Mademoiselle d'Origny (1) est accouchée depuis peu d'une très belle fille.

CIX

A Paris le 2 janvier 1700.

Après vous avoir souhaité une bonne et heureuse année, Monsieur, il ne me reste qu'à vous remercier de rechef par avance de l'envoy de vos pois. Je ne manqueray pas de vous advertir de l'arrivée dès que je les auray receus et de vous en remercier encore.

Il me tarde toujours beaucoup de voir avancer de quelque costé l'affaire que vous scavez, et si j'en estois le maistre, je scais bien de quel costé je me tourneroy. J'attends tout de vostre affection et de vostre adresse en cette conjoncture.

Je suis bien fasché de l'aventure de Mimy, bien ayse pourtant de ce que le mal n'a pas esté si grand qu'il menassoit d'estre. Je souhaite qu'il soit bientost entièrement guéry.

J'ay fait vos baisemains à vostre commère, qui vous en remercie très humblement et vous souhaite la bonne année.

Je suis toujours, Monsieur, vostre très humble et très obeissant serviteur.

E. Baluze.

---

(1) M. et Mme d'Origny comptaient au nombre des amis de Baluze, qui fut parrain d'un de leurs enfants. (Voir le testament d'Etienne Baluze.)

CX

A Paris le 6 janvier 1700.

Je vous remercie, Monsieur, de la nouvelle que vous m'avez donnée. Mais à vous parler franchement, je trouve que cette affaire est très difficile. Car en ces occasions on se sert de ce qu'on a ; et je ne crois pas que la personne en question trouve de si grosses sommes argent comptant, y ayant peu de personnes qui ayent tant d'argent en repos. Nous en pourrons parler plus au long et à teste reposée, comme vous dites, lorsque vous serez icy.

Je n'ay pas autre chose à vous dire présentement si ce n'est que je suis toujours très véritablement, Monsieur, vostre très humble et très obeissant serviteur.

E. Baluze.

CXI

A Paris le 9 janvier 1700.

Je vous remercie, Monsieur, des souhaits que vous m'avez escrits avoir fait pour moy, et prie Dieu qu'il leur donne l'effect que vous désirez. Ce sera toujours pour vostre service tant que je vivray.

Puisque vous vous disposez à venir bientost en ce pays, il faudra faire en sorte qu'on mesnage le vin vieux, afin qu'il s'y en trouve à vostre arrivée.

M. Jayat qui est présentement céans, vous baise les mains et vous prie de voir si vous ne pouvez pas retirer des mains de ses fermiers ce qui luy est deu. Il prétend qu'ils sont demeurez fort en arrière. Je vous prie de vous en souvenir.

Je vous prie aussy de vous souvenir toujours de l'affaire que vous scavez. J'en voudrois bien voir la fin.

Vostre commère vous baise les mains.

Je vous prie de faire les miennes à Mimy, et de luy dire que je suis bien ayse d'aprendre qu'il se porte mieux. Et je suis, Monsieur, vostre très humble et très obeissant serviteur.

E. Baluze.

CXII

A Paris le 23 janvier 1700.

Je suis bien fasché de la [.....] de Mimy, bien ayse néanmoins que le mal n'a pas esté si grand que le danger l'a esté. Je vous prie de luy recommander de se mieux mesnager jusque à ce qu'il sera bien guéry, et que dans la suite, il évite de semblables dangers.

Je n'ay pas veu M. de Jayat, il y a plus de huit ou dix jours. Je lui parleray de ce que vous m'escrivez la premiere fois que je le verray.

Vous verrez, Monsieur, qu'il ne s'en est peu falu que je n'aye fait par inadvertance ce que je fis à la letre de Moulins que je vous envoyay dernièrement. Mais enfin celle-cy tient encore par un petit bout, mais bien petit. Mais je vous assure que si la rupture estoit arrivée entière que je ne l'aurois pas leuë.

Je vous recommande toujours nos affaires, et suis, Monsieur, vostre très humble et très obeissant serviteur.

E. BALUZE.

Vostre commère vous présente ses respects.

CXIII

A Paris le 6 novembre 1700.

J'escris à mon frère que j'aye bien de la joye de le voir dans la disposition où il est de finir ses affaires. Ainsy je vous prie, Monsieur, de vous y appliquer et de ne vous rebuter pas pour les difficultés qui se présenteront. Car si on se rebute on ne fait rien. Il en arriveroit comme dans tous les autres [pourparlers] d'accommodement.

Vous avez respondu sagement à Mr de la S... (1) parceque me connoissant comme vous me connoissez, vous sçavez fort bien que je ne m'engageray jamais à chose que je ne sois en estat de l'exécuter. A ce compte il prétendroit huit ou dix mille livres d'argent comptant. Chose très difficile : y ayant peu de gens, à moins que ce soit des financiers, des banquiers, ou de grands négotiants des grandes villes, qui ayent de si grosses sommes [..............]. On peut compter sur mes paroles ; [non seulement] parceque j'ay moyen de payer, mais encore plus parceque je le veux. Si sur ce fondement on peut passer outre, j'en seray bien ayse. mais [.........................].

Je ne doute point que Mimy ne soit toujours joly. Il est né comme cela. Les bonnes qualités naturelles ne changent guere.

J'escrivis samedy dernier à mon frère que les titres de noblesse de la Beylie sont dans les registres du Thrésor des Chartes, lieu où il est présentement très difficile de pénétrer, comme vous sçavez, Monsieur. Néantmoins je verray dans quelque temps si je pourray en obtenir une expédition de M. le Procureur général. Il y a trente ans que j'en offris une expédition en bonne et deuë forme gratis, et on ne s'en soucia pas. Le registre estoit pour lors dans ma chambre. Et ainsy cela estoit pour lors très aysé.

Lorsque M. Villault sera de retour de la campagne, ce qui sera, à mon avis, dans peu de jours, je le feray ressouvenir de l'argent des engageants.

Vous aurez sans doute apris, Monsieur, la mort de feu M. l'abbé de la Trappe arrivée le 27 octobre, aagé de 76 ans, 37 ans de conversion et de pénitence. On luy fit hyer un service dans l'église [................] de l'Oratoire.

Je suis toujours, Monsieur, vostre très humble et très obeissant serviteur.

E. Baluze.

Vostre commère vient de me prier de vous faire ses baisemains. Je m'en acquitte.

---

(1) La nièce de Baluze épousa M. de la Serre.

CXIV

A Paris le [.....] (1).

Il est vray, Monsieur, que nous avons esté trompés tous deux au suject de vos gages, car M. Belin m'avoit asseuré l'année passée que vous seriez employé sur l'estat, et sur sa parole je vous avois donné une pareille asseurance. Je l'ay esté voir ces jours passés pour en estre eclaircy plus amplement; et il m'a dit que par malheur l'estat s'estoit trouvé signé lorsque vous envoyastes vos papiers. Ce que j'ay bien de la peine à croire. Je le verray encore un de ces jours pour le faire ressouvenir qu'il m'a promis de réparer cette année la faute qui a esté faite, comme il est très juste, et ne luy laisseray pas oublier vos interests.

Je ne peus aller hyer aux endroits où on peut sçavoir des nouvelles du livre pour lequel vous m'avez envoyé [un mémoire]. Je vous en rendray compte la semaine prochaine.

[Je ne crois] pas que la suppression des gages dont vous m'escriviez vous puisse regarder.

Je suis toujours de tout mon cœur, Monsieur, vostre très humble et très obeissant serviteur.

E. Baluze.

(1) La date est déchirée.

www.ingramcontent.com/pod-product-compliance
Ingram Content Group UK Ltd.
Pitfield, Milton Keynes, MK11 3LW, UK
UKHW020337230726
13925UKWH00002B/832